大学英语课程与教学改革发展研究

陈莹 著

湖南师范大学出版社
·长沙·

图书在版编目（CIP）数据

大学英语课程与教学改革发展研究 / 陈莹著 . -- 长沙 : 湖南师范大学出版社 , 2018.6
 ISBN 978-7-5648-3188-2

Ⅰ.①大… Ⅱ.①陈… Ⅲ.①英语—教学改革—研究—高等学校 Ⅳ.① H319.1

中国版本图书馆 CIP 数据核字（2018）第 053413 号

DAXUE YINGYU KECHENG YU JIAOXUE GAIGE FAZHAN YANJIU
大学英语课程与教学改革发展研究

◇陈莹 著

◇责任编辑：郝纪晓 邓 杰
◇责任校对：张鸿韬
◇出版发行：湖南师范大学出版社
　　　　　 地址 / 长沙市岳麓山　邮编 /410081
　　　　　 电话 /0731-88873071　88873070　传真 /0731-88872636
　　　　　 网址 /http://press.hunnu.edu.cn
◇印刷：廊坊市广阳区九洲印刷厂
◇开本：710mm×1000mm　1/16
◇印张：12.25
◇字数：253.5 千字
◇版次：2018 年 6 月第 1 版　2021 年 4 月第 2 次印刷
◇书号：ISBN 978-7-5648-3188-2
◇定价：55.50 元

前　言

近些年，我国的教育事业取得了很大成就，其中英语教育的发展尤为显著。大学英语是我国高校中的一门基本课程，是我国高等教育体系中的重要构成要素，它在培养学生英语能力、提高全民英语素质、向社会输出英语人才等方面发挥着重要作用。随着全球化的进一步深入和我国综合国力的提高，我国的国际交往越来越频繁，对英语人才也产生了新的需求，这就要求大学英语对教学内容和教学目标做出相应的革新。但是，由于传统教学模式的影响，大学英语教学革新遇到了来自诸多方面的困难，如学生的语言综合应用能力不足、自主学习英语的能力未得到充分培养、教师的知识结构单一，不能很好地满足复合型人才的培养需要。这些问题不仅给英语教学的发展带来消极影响，也对提高学生的综合英语能力产生负面因素。

随着互联网时代的到来，全新的学习模式如慕课(MOOCs)等给英语教学方式的革新带来机遇。在教育改革的大时代背景下，对英语教学的改革应予以应有的重视。同时，在世界各国之间频繁交流的今天，英语教学的改革也有了新的契机。因此，大学英语教学的深入改革与创新迫在眉睫。大学英语教学必须对已经不能满足时代需要的教学模式进行革新，顺应时代需求，为英语教学发展拓宽思路。

本书共分为七章，首先阐述了英语教学方法改革的大体趋势以及英语教学改革中的三个问题，其次针对教育改革背景下的教学方法改革、教学模式创新进行了分析，最后从跨文化语境、中外合作教学背景下的雅思办学以及互联网时代的英语教学等内容进行了深入分析和研究。对英语教学改革的研究和探索，不仅可以提高高校英语教师的授课水平，还可以从本质上提高大学生的英语综合能力，使其在毕业后更好地融入社会，成为社会所需要的英语人才。

　　本书在写作过程中，借鉴了国内外很多相关的研究成果及著作、论文等，在此对有关学者、作者表示诚挚的感谢。要想更好地培育新一代符合社会需要的人才，对英语教学方式的革新永远没有终点。因此，本书最终的呈现不可避免地会出现挂一漏万、陈述片面的问题，恳请广大读者予以批评指正，以使本书不断得以完善。

作者
2018 年 5 月

目 录 CONTENTS

第一章 英语教学改革综述 …………………………………………………… **001**
　第一节　英语教学改革的背景、历程和现状 …………………………………001
　第二节　英语教学改革的基本原则和理论依据 ………………………………013
　第三节　英语教学改革的内容和新形势分析 …………………………………021

第二章 大学英语教学改革的三个基本问题 ………………………………… **027**
　第一节　大学英语教学改革之英语文化教学 …………………………………027
　第二节　大学英语教学改革之英语情感教学 …………………………………034
　第三节　大学英语教学改革之学习模式 ………………………………………037

第三章 英语教学方式的改革分析 …………………………………………… **048**
　第一节　英语词汇和语法教学改革 ……………………………………………048
　第二节　英语听力和口语教学改革 ……………………………………………059
　第三节　英语阅读和写作教学改革 ……………………………………………068
　第四节　英语翻译教学改革 ……………………………………………………071

第四章 英语教学模式的改革创新 …………………………………………… **080**
　第一节　模块教学模式 …………………………………………………………080
　第二节　交际教学模式 …………………………………………………………082
　第三节　研究性学习教学模式 …………………………………………………087
　第四节　网络教学模式 …………………………………………………………088
　第五节　课外教学模式 …………………………………………………………107

第五章 跨文化交际下的大学英语教学创新 …… 123
    第一节 跨文化交际与英语教学 …… 123
    第二节 跨文化交际下英语教学困境分析 …… 130
    第三节 跨文化交际中语言学习策略及影响因素 …… 131
    第四节 跨文化交际中英语教学改革创新模式 …… 138

第六章 中外合作办学背景下的雅思教学改革 …… 147
    第一节 雅思考试及其主要教学模块 …… 147
    第二节 中外合作办学背景下雅思教学现状 …… 150
    第三节 中外合作办学背景下雅思教学模块改革 …… 152

第七章 互联网时代的大学英语教学的时代化改革 …… 157
    第一节 互联网时代的大学英语教学模式及二者关系分析 …… 157
    第二节 互联网时代的大学英语教学过程中的教师与学生要素 …… 163
    第三节 互联网时代的英语慕课、微课教学平台的搭建 …… 169

参考文献 …… 187

第一章
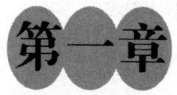
英语教学改革综述

我国目前存在着英语教学现状不能满足社会发展需要的现象。因此,从深层次对英语教学改革进行重新地探讨和梳理是非常必要的。本章从英语教学改革的背景、历程和现状出发,对英语教学改革的基本原则和理论依据重新分析,并对英语教学改革的内容和新形势进行宏观概括,旨在为英语教学的进一步发展奠定基础。

第一节 英语教学改革的背景、历程和现状

任何事物想要更好的发展都有赖于对现阶段出现问题的正确认识。英语教学也不例外。只有对英语教学改革进行透彻的分析,认识到当前做得好的地方和出现的不足,才能更好地推进英语教学改革朝着理想的目标前进。

一、英语教学改革的背景

（一）以学生为中心的时代新要求

新时代下,英语教学要求体现出以学生为中心的理念,从而培养他们终身学习的习惯和能力。

为了体现以学生为中心的新教学理念,以促进学生在大学时期的全面发展,英语教师不仅担任着传授英语知识的职责,同时还要着重培养学生的社会责任感、积极的情感、严谨的治学态度等。这些要素的培养仅仅靠教师在课堂上授课是不够的,还要充分调动学生的积极性,让学生充分参与到课堂中去,发挥学生在课堂上的积极作用。

（二）多媒体、网络技术的应用

随着互联网科技的进一步发展,现在课堂多运用多媒体进行教学,或者以网络教学的形式传播知识。这样的新趋势使英语教学变得更方便和快捷。与传统的

英语教学方法相比，多媒体和互联网教学为学生的英语学习提供了更为自主和新颖的学习空间，可以更好地促进学生学习英语的积极性和主动性，其优势主要体现在：

第一，传统由教师授课的课堂中，采用的是教师读单词和课文，学生跟读的教学方式。但由于口音和老师本身发音不标准的原因，使得学生不能学到更为地道的发音。计算机软件的开发解决了这样的难题，可以将每个单词的发音更为地道和生动地呈现给每个学生，便于学生的学习。

第二，多媒体技术改变了传统教学中只有文字和少量图片的局限，在授课过程中将图、文、影、像等教学资料有机地结合在一起，使学生的学习过程更为有趣，可以提高学生的学习积极性。同时多媒体技术的应用，使得学习不仅在课堂上可以进行，也可以通过网络的形式，实现在何时何地都可以学习的愿景。

第三，网络技术在英语课堂上的应用，使学生的学习和教师的教学变得更为自由。学生可以通过网络学习，教师也可以根据学生在网络学习的反馈，及时做出指导和布置任务，从而减轻了教师和学生的双重负担。

在时代不断发展的进程下，英语教学的改革要紧跟时代的潮流，充分把握好时代发展的新机遇，将互联网技术和教学更为有机地进行结合，使互联网在更大程度上发挥其在教学方面的新优势。

（三）教学评价方式的多元化趋向

在英语教学过程中，为了促进教师更好地完成自己的教学目标，需要实施一定的教学评价来检验在某一教学阶段教师完成教学目标的程度。

在传统的教学评价模式中，其评价方式具有单一性、机械性和落后性的局限。随着时代的发展，教学评价方式也与时俱进地进行了相应的改革，如相比于客观题，主观题在测试中的比重增加，终结性评价不再具有至高无上的权威性，而实行终结性评价和形成新评价权重并行的评价方式。现今，评价方式也逐渐运用起了互联网科技，新形成的评价方式多具有开放性、形成性和多维性的新特点。

二、英语教学改革的历程

为了使每一代的学子都可以接受到最好的教育,英语的教学改革一直在不断进行着。但英语教学改革的过程中也不可避免地出现过一些失误,当然更主要的是取得了一些引人注目的成就。本小节主要对英语的教学大纲、课程设置、师资建设和教材建设这四个主要方面的发展和改革历程作一个简单的概括。

(一)教学大纲改革的历程

1. 1962年《英语教学大纲(试行草案)》

《英语教学大纲(试行草案)》是我国的第一份大学英语教学大纲。该大纲制定时,我国中学阶段的教学才刚开始受到重视。该草案认为我国英语教学的主要目的有以下三点:其一,英语教学要服务于学生以后的阅读;其二,英语教学的内容要以科技英语为主;其三,英语教学要为学生的语言能力打好基础。

2. 1980年《英语教学大纲(高等学校理工科本科四年制试用)(草案)》

《英语教学大纲(高等学校理工科本科四年制试用)(草案)》是改革开放后公布的第一份英语教学大纲。

《英语教学大纲(高等学校理工科本科四年制试用)(草案)》制定之际,我国正处于"文化大革命"结束三年后拨乱反正的历史时期,当时我国的经济和社会发展正在逐渐复苏。该大纲主要适用于高等学校理工科本科四年制的各类专业。

该大纲的一些具体规定如表1-1所示。

表1-1 《英语教学大纲(高等学校理工科本科四年制试用)(草案)》规定的具体教学内容

词汇教学要求	基础阶段	掌握单词1500~1800个,一般要求能英汉互译,能正确识别词类,选择词义
	专业阅读阶段	掌握词汇800~1000个,要求能英汉互译,能正确识别词类,选择词义
阅读教学要求		1. 基础阶段结束时能阅读与后期课文难易程度相当、内容可以为学生理解的科普或一般科技文章,理解正确,并能做中文摘要。阅读速度为每小时2500~3000印刷符号(生词不超过15个) 2. 专业阅读阶段结束后,阅读有关专业书刊的速度应达到每小时4000~5000印刷符号。从基础阶段后期要注意快速阅读能力的培养

续表

听说写能力教学要求	1. 能听懂课堂用语 2. 能听懂及回答根据课文提出的问题 3. 能听写词汇熟悉的短文 4. 能把结构不太复杂的句子正确地译成英语
教学安排	1. 基础阶段的教学时数,工科应在240学时以上,理科应为300学时左右,一般安排在第一至第四学期 2. 专业阅读阶段一般每周安排2学时,持续2~3个学期
教学对象	中学学过英语的学生,他们入学时应掌握700~800个单词及最基本的语法知识,能比较顺利地朗读学过的课文

该大纲体现了因材施教的教学理念,对以后的大纲具有一定程度的借鉴意义。

3.1985年《英语教学大纲(高等学校理工科本科用)》和1986年《大学英语教学大纲(高等学校文理科本科用)》

1985年《英语教学大纲(高等学校理工科本科用)》和1986年《大学英语教学大纲(高等学校文理科本科用)》较之前制定的大纲更为详尽。其中《英语教学大纲(高等学校理工科本科用)》的教学要求如表1-2所示。

表1-2 1985年《英语教学大纲(高等学校理工科本科用)》内容

基本要求	1. 语音:能运用国际音标和基本读音规则拼读单词。朗读时语音语调基本正确 2. 词汇:掌握3800~4000单词以及一定量的习语,并具有按照基本构词方法识别生词的能力。对其中2500左右的常用词,要求拼写正确、能英汉互译,并掌握它们的基本用法(中学所掌握的单词和习语包括在内) 3. 语法:在中学原有的基础上,进一步扩大与加深基本语法知识,侧重语法结构在语言交际活动中的运用 4. 阅读能力:掌握基本阅读技能,能顺利阅读并正确理解语言难度中等的一般题材文章和科普、科技读物,阅读速度达到每分钟50词。阅读难度略低、生词不超过3%的材料,速度达到每分钟80词,阅读理解的准确率以70%为合格 5. 听的能力:能听懂英语讲课,对题材熟悉、句子结构比较简单、基本上没有生词、语速为每分钟120词的听力材料,一遍可以听懂,听力理解的准确率以70%为合格 6. 写的能力:能按规定的题目和提示在半小时内写出100词左右的短文,基本上能表达思想,无重大语法错误 7. 说的能力:能用英语进行简单的日常会话。能就教材内容进行问答 8. 翻译的能力:能借助词典将与课文难度相仿的文章翻译成汉语,理解正确,译文达意,笔译速度达到每小时300英语单词

续表

较高要求	1. 词汇：掌握5000～5300单词以及一定量的习语，并具有按照基本构词方法识别生词的能力。对其中3000左右的常用词，要求拼写正确、能英汉互译，并掌握它们的基本用法（中学所掌握的单词和习语包括在内） 2. 阅读能力：掌握较高的阅读技能，能顺利阅读并正确理解语言难度较高、内容比较广泛的一般题材文章和科普、科技读物，阅读速度达到每分钟70词。阅读难度略低、生词不超过总词数3%的材料，速度达到每分钟120词，阅读理解的准确率以70%为合格 3. 听的能力：对题材熟悉、句子不太复杂、基本上没有生词、语速每分钟约140词的听力材料，一遍可以听懂，听力理解的准确率以70%为合格 4. 写的能力：能在半小时内写出120词左右的短文，包括书信、文章摘要等。文理基本上通顺 5. 说的能力：能用英语进行简短的会话。经过准备，能就课文内容或某一问题进行简短的发言，基本上能表达思想 6. 翻译的能力：能借助词典将与课文难度相仿的文章翻译成汉语，理解正确，译文达意，笔译速度达到每小时350英语单词
专业阅读阶段	1. 词汇：掌握1000～1200单词以及一定量的习语（不包括中学和基础阶段的词汇量） 2. 阅读能力：能顺利阅读并正确理解有关专业的书籍和文章。阅读速度达到每分钟70词，阅读理解的准确率以70%为合格 3. 翻译的能力：能借助词典将有关专业的文章译成汉语，理解正确，译文达意，笔译速度达到每小时350英语单词

另外，大纲规定，基础阶段的教学时数应高于240～280学时，安排在第一学年和第二学年。基础阶段的教学按照难易程度分为六个级别，每个级别有60～70学时，每学期为一级。学习成绩一般的学生在两个学年的学习过程中可以从第一级学到第四级。对于一些英语底子好的学生，可以从第二级或者第三级学起，以第五级或者第六级为最终目标。而对于那些英语底子较差的学生，可以从预备一级或者预备二级开始学起。

通过上述的分析可以发现，新大纲对新时代的教学目标和要求进行了量化的处理，创新性地提出了分级教学的教学理念，促进了大学英语教学的进一步发展。

4. 1999年《大学英语教学大纲（修订本）》

《大学英语教学大纲（修订本）》提高了对学生的阅读能力的要求。在该大纲中，认为教学安排应分为基础和应用提高两个阶段。

5. 2004年《大学英语课程教学要求（试行）》

《大学英语课程教学要求（试行）》刊发于2004年1月，该大纲将教学要求分为三个层面：第一个层面是一般要求，这是任何大学生在毕业之前都应该达到的目标；第二个层面是较高要求；第三个层面是更高要求。较高要求和更高要求是对英语学习底子较好的学生提出的学习目标。

《大学英语课程教学要求（试行）》在课程设置上的原则是将必修课程和选修课程进行相应的结合，同时要具有一定的创新性和时代性，要体现出"个性化"，对先进的信息技术要广为应用等。

《大学英语课程教学要求（试行）》更注重学生在课堂中的主体性。需要注意的是，新型教学模式的建立不能完全摈弃传统的教学模式，最好将传统和现代完美地进行结合。

另外，教学管理和大学英语师资队伍建设首次出现在《大学英语课程教学要求（试行）》文件中。

总而言之，《大学英语课程教学要求（试行）》是大学英语教学改革过程中一份具有相当分量的文件，但需要注意的是，由于时代的局限，文件中仍存在一些需要改进的地方，需要引起我们的注意。

6. 2007年《大学英语课程教学要求》

《大学英语课程教学要求》在2007年由教育部办公厅正式印发。《大学英语课程教学要求》是以《大学英语课程教学要求（试行）》为蓝本，对其中的不合理和不适应时代的地方进行一些修正，如教学性质、教学要求、课程设置、教学评估等内容。《大学英语课程教学要求》对我国大学英语教学改革的影响是重大的，在当前和以后很长一段时期对英语教育者有很重要的指导意义。

（二）课程设置改革的历程

1. 初始阶段

初始阶段指的是1962年到1984年期间，其中又以"文化大革命"为分界点分为两个不同的时期。

（1）"文化大革命"之前。1956年，我国始设大学英语课程，但当时只是一门公共选修课，并没有给予英语学习应有的重视。1962年，《英语教学大纲（试行草案）》颁布，旨在"为学生今后阅读本专业英语书刊打下扎实的语言基础"。但这项规定由于文化大革命的影响并没有贯彻下来，在1966年至1977年间，我国的大学英语教学基本停滞不前，甚至有倒退的迹象。

（2）"文化大革命"之后。我国的政治、经济和文化逐渐走上了正轨，英语教育业逐渐得到了重视。在1978年举行的座谈会期间，廖承志对大中小学的外语教育提出了建议。1979年，党中央印发了全国外语教育座谈会的纪要《加强外语教育的几点意见》，在该文件中，有两条值得注意的建议：其一是要更为重视中小学的外语教育；其二是要重视大学的英语教育，要适当地增加高校外语的学习课时。

2. 分类分级阶段

分类分级阶段指的是1985年到1993年这一段时期，其主要特点如下：

（1）重视语言基础。

（2）教学要求相应提高，要求学生的阅读速度为每分钟50词。

（3）采用分级教学模式，将大学英语的教学进行等级划分，其中第一级别到第四级别为必修课，第五级别到第六级别为选修课。

（4）突出分类指导。

3. 统一大纲、考试阶段

统一大纲、考试阶段指的是1994年到2001年这一段时期。这一阶段的标志性事件是1999年《大学英语教学大纲（修订本）》的形成，其主要特点如下：

（1）强调语言基础教学。《大学英语教学大纲（修订本）》提出大学英语教学旨在帮助学生在英语学习的基础阶段学好英语，使学生具有一定的听说读写译的能力，更好地适应新时代的发展。

（2）重点培养阅读能力。在教学目标中，《大学英语教学大纲（修订本）》规定培养学生的阅读能力最为重要。

（3）统一大纲、统一考试。《大学英语教学大纲（修订本）》不管是对文科还是对理科同样适用。同时，不论是重点大学还是其他高校学生也都要遵守新大纲的规定。在该大纲中规定全国各类高校的大学生在毕业前都应该通过大学英语四级考试。

4. 听说领先、计算机教学阶段

我国从2002年至今正是处于听说领先、计算机教学阶段。该阶段的英语改革力度较大，其主要体现在：

（1）培养目标的变动。其一，对大学生英语听说能力的重视；其二，对我国传统的大学英语教学模式进行了一定的改革和创新。

（2）改革内容的变动。这次改革把大学英语的教学重点改为培养学生运用英语学习和研究能力。

（三）师资建设改革的历程

1.1978年以前的师资建设

1978年之前，我国的大学英语师资非常匮乏。1978年，我国召开了外语教育座谈会，会议形成了《加强外语教育的几点意见》，其中提出了我国当前存在的两个重要问题：其一是新中国成立初期过于重视俄语的学习，对英语教育的重视程度却远远不够；其二，注重对专业外语的教育，却忽视了高校公共英语教育和中小学英语教育。由于外语政策对英语教育的忽视，使得当时大学英语师资队伍的建设极为不理想。基于此，国家教育部规定要扩大高校英语专业的招生规模，同时要为英语专业人才提供多种多样的进修机会。

2.20世纪八九十年代的师资建设

北京外国语学院和上海外国语学院等16所院校相继开展了对英语专业教师的培训活动，另外9所高校主要负责对公共英语教师的培训工作。经过这次培训，高校英语教师的教学水平得到了很大程度的提升，对我国的英语教育有深远的影响。

1984年，国家教育部又一次提出要扩大高校英语专业的招生规模，并明确规定了15所院校要进行扩招。20世纪80年代，我国英语教师人数达到了一万多人，在一定程度上缓解了高校英语师资匮乏的难题。

3.21世纪的师资建设

自上世纪末，高校英语专业学生的招生规模在逐渐扩大。在扩大招生规模的时代要求下，每个英语教师都加大了自身的工作量，却难以保障英语教学的质量，使得我国的英语教学出现质量低下的问题。

为了解决现有的问题，教育部提出要健全教师的培训机制的规定。然而，由于教师忙于教学工作，没有空余时间参加培训活动，使得健全教师培训机制的目标不能实现。虽然如此,各高校仍在为解决高校英语师资的难题而继续努力。2006年,教育部发布了《关于开展大学英语教学改革巡讲活动的通知》,使计算机技术和英语教学有机结合起来,从而提高高校英语的教学质量和水平。2006年,在教育部高教司的组织下进行了3批巡讲,对高校英语教师进行了关于英语教学方法的培训,此培训取得了很大的成效,在很大程度上促进了我国英语教学的改革。

然而,我国大学英语师资队伍建设仍存在教师数量较少、师资质量不高等问题,这需要教育部门高度重视,改善现有状况,使大学英语教学更好地发展下去。

(四)教材建设改革的历程

1. 第一代大学英语教材

第一代大学英语教材编订于1949—1966年,该教材以培养学生的阅读能力为主要教学目标。

2. 第二代大学英语教材

第二代大学英语教材编订于1977—1985年。根据1977年教育部制定的《英语教材编写大纲》和1978年颁布的《加强外语教育的几点建议》,对第二代大学英语教材进行了相应的改革和创新,如注意对国外英语教材的引进,教材语言更为原汁原味,提出听说读写并重的教学目的和要求。

和上一时期相比,第二代大学英语教材取得了一定的成就,但教材内容仍以科技内容为主,同样具有一定的局限性。

3. 第三代大学英语教材

第三代大学英语教材编订于1986—2000年。总体来看,第三代大学英语教材的整体水平得到了较高的提升,继承了上两代英语教材的优点,同时进行了一定的革新。其中,一些编写方式为后续英语教材所借鉴,对现今英语教材的编写仍具有一定的指导作用。

4. 第四代大学英语教材

第四代大学英语教材指的是从2001年至今编订的大学英语教材,主要具有三个方面的特点:其一是以学生为中心;其二在编写读、写教材的同时,注重对听、说教材的编写;其三注重对网络信息技术的应用。

三、英语教学改革的现状

任何事物的良好发展,都有赖于对现状存在问题的理性认识。只有理性认识存在的难题,才能推进我国英语教学的进一步发展。

(一)学生英语水平的现状

中国的学生从入学起始,便花费大量的人力和物力去学习英语。从高校以四六级的形式作为统一考核学生英语水平的考试以来,英语更是得到了广泛师生的重视。但是我国学生的英语水平仍没有得到相应的提高。

随着时代的发展,各高校也有了一定的资本为英语教学提供较为高端的设备和良好的教学和学习条件,由于升学和就业的压力,各个阶段的学生也对英语学习投入了大量的时间。但是这些为提高学生英语水平的举措,却没有收到预期的成效,学生的英语水平仅限于考试和做题,听说能力较为欠缺,这样的现状和英语教学的目标之间存在着鸿沟。

以应试为主要诉求的英语学习,并不能从实质上提高学生的英语水平,高校学生经过四年的英语学习,其英语水平甚至可能会出现下降趋势,听说写的能力仍与教学目标之间存在着很大的差距。这一英语学习现象让人感觉到非常无奈。

从客观进行分析,英语水平和英语教学方式有很大的关系。可以说,目前我国高校学生英语水平普遍低下的问题,大多可以归因于当前英语教学方式的不当。在我国现在的高校课堂上,大多是英语教师唱独角戏,学生的学习接受过程相当被动,在课堂上缺乏用英语进行沟通交流的学习过程,无法从根本上提高学生的英语水平。

(二)公共英语教学的现状

现在,我国公共英语教学现状也不容乐观,存在着诸多问题。

1.教学模式传统单一

由于受到大纲的制约,现在高校大学英语存在教学模式单一的问题,这主要体现在两个方面:其一,在授课过程中,并没有体现以学生为中心的时代新要求,教师在课堂中唱独角戏,学生只是被动的接受者;其二,英语教师在课堂上主要教授的是英语基础知识,而对英语的综合应用能力没有给予应有的重视,学生掌握的英语并不能真正运用到现实生活中。这样的问题，在近些年引起了相关学者专家的注意，他们开始积极探索新型的教学模式，但革新不是一朝一夕的事情，在大学英语课堂上，这种"填鸭式""灌输式"的教学模式仍然大量存在，这样的英语教育培养出来的学生，并不能真正地学以致用，和《大学英语课程教学要求》的教学目标相违背。

2. 教学方法不够科学

在经济文化全球化背景下，社会对英语人才的需求呈递增趋势。需要注意的是，现今社会需要的英语人才，并不是只能应付考试的英语学习者，而是具备英语听说读写综合能力的英语学习者。社会的需求不断变化，要求英语的教学方法也要与时俱进。然而，当前我国英语的教学方法形式仍比较传统单一，教师是主导者，学生过于被动，这样培养出来的学生并不能真正适应社会的新需求。

另外需要注意的是，在高校课堂中，对非英语专业的学生主要采用的是大班授课。在英语大班授课中，英语教师难以兼顾不同层次的学生，从而造成了教学方式不合理现象的发生。一些资金充足、师资力量雄厚的高校，也会考虑采用小班授课的方式，但是大多数教师采用的仍是传统教学方法，无法从根本上提高学生的英语综合能力。

3. 英语教材陈旧落后

教师在授课过程中，主要依赖的学习工具是教材。在大多数情况下，教师的课堂教学都是按照教材的编排顺序来展开，故教师的教学内容和方向直接受到教材的影响，足见教材在英语教学过程中的重要性。但是，纸质的英语教材更新速度较为缓慢，跟不上时代的快速发展，在内容上和社会实际现象严重不符。然而，教师的教学内容和学生的学习内容都是围绕着这样落伍的教材展开，由此对学生的英语学习造成的负面影响可想而知。因此，英语教材与时俱进，编写出符合时代要求、紧跟时代潮流的英语教材是当前英语教学革新的重要工作之一。

4. 师资素质呈下降趋势

目前，我国高校大多扩大了招生规模，高校的学生人数逐年增多。但是，我国英语师资力量较为薄弱，许多高校英语教师超负荷工作。为了缓解这样的压力，高校相关负责人便委派一些研究生担任授课任务，这样势必会造成英语教师授课水平下降，使高校学生丧失学习英语的积极性和主动性。可以说，提高英语教师素质是英语教学改革的当务之急。

5. 过于重视应试能力的培养

众所周知，我国的英语学习可以说贯穿了一个人从幼儿到成年的整个过程，投入时间、精力和物力之大，让人震惊，但是仍没有收到预期的成效。由于我国应试教育的影响，培养出来的英语学生大多只掌握了简单的单词和语法，并不能真正把英语当作一门语言来使用。

我国大学英语四六级考试的推行更是对只注重应试的学习风气起到了推波助澜的作用。不可否认，四六级考试在一定程度上提高了学生学习英语的积极性，为我国的英语教学事业做出了贡献。但是由于四六级考试并不能对学生的综合英语能力进行考察，使得我国英语的教学和学习仍存在很大的问题，并不能真正培养出社会所需要的人才。

6. 教育管理未被具体落实

针对英语教学中存在的诸多问题，教育部曾多次对推进公共英语教学改革做出指示。这些指示在一定程度上为大学英语教学改革指明了道路、标明了前进方向。各高校相关负责人也积极响应教育部的号召，采取相关的措施推进英语教学的改革。

但是在改革过程中，一些历史遗留问题仍不能得到妥善的处理，在课堂上，仍存在教学方法过时、考试内容不能反映英语教学目标和要求等问题。

7. 文化教育的重要性被忽视

在英语教学过程中，教师和学生应该明白的是，英语是一种用来沟通交流的语言。在我国的高校课堂中，师生一致存在把英语简单等同于词汇、语音、语法的认知，这使得教师和学生只注重对语言知识的传授和学习。我们需要明白，只有了解了语言背后所承载的文化，才能更好地用一门语言进行沟通。英语教师只有帮助学生了解英语国家的文化背景知识，才可以帮助学生真正掌握英语。

8. 多媒体技术未得到充分利用

目前，多媒体技术在英语课堂中仍没有得到充分的利用。多数英语老师使用多媒体技术，仅限于以PPT的形式展开教学内容，和传统板书的形式并没有太大的差异，学生学习的积极性和主动性不高，学习效率并不理想。为了更好地调动学生学习的积极性，英语教师可以利用音频、视频系统将教学内容和图、文、声、像结合起来，让课堂内容变得更有趣，更好地集中学生的注意力，以此来提高学生的英语水平。

第二节 英语教学改革的基本原则和理论依据

在英语教学改革中，创新是至关重要的，但是在进行改革的过程中，需要依托于一定的原则和理论，只有这样才能在继承传统的同时，更好地服务于英语教学改革的总体要求。

一、英语教学改革的基本原则

（一）循序渐进原则

英语的授课和学习过程应遵循事物发展循序渐进的一般规律，即从易到难、从外到内。只要这样才能保证把学到的英语化为己用，避免出现不能把学习到的英语知识运用到实践中的窘况。英语教学和学习的循序渐进主要包括以下三方面的内容。

第一，从口语过渡到书面语。从口语过渡到对书面语的学习，对于英语的初学者来说比较容易掌握。所以，学生可以在初步掌握英语口语的基础上，再去学习书面语，这样可以增强对英语学习的自信心。

第二，从听说能力过渡到读写能力。在英语教学中，应注意对学生听、说、读、写综合英语能力的培养。但听、说、读、写这四项不同能力的难易不同，因此，教师在教授过程中，应遵循从易到难的原则，先培养学生简单的听、说能力，掌握一些简单的词汇和句子结构，然后逐步进行具有难度的读、写教学，为学生的深层学习奠定好基础。

第三，逐步提高学生的综合能力。英语能力的学习是一个螺旋式发展的过程，需要学习者多次进行训练和巩固。在这种不断的学习过程中，教师要引导学生在复习旧知识的过程学习新知识，从而逐渐提高英语综合能力。

（二）兴趣原则

兴趣是引导一个人走向成功的关键因素。在英语学习的过程中，学生对英语的兴趣决定着其是否可以真正学好英语。现阶段，我国高校大学生在英语学习过程中普遍存在消极被动的情形。但是，这种现象并不是从一开始就如此。很多学生在刚开始接触英语时，都热情高涨，对学好英语抱有很大的期望。这是因为人对新鲜事物所具有的天然兴趣和好奇心。但随着时间的流逝，大多数学生的英语水平并没有得到提高，反倒使他们对英语产生了厌烦的心理。造成这种现象的原因是传统教学理念的偏差，教学方法过于陈旧，考试体系不能真正考核学生的实际英语能力等。因此，要想从根本上提高学生的英语水平，必须致力于培养学生学习英语的兴趣，兴趣是最好的老师，只有这样，学生才能积极主动地投入到英语学习中去。在这个过程中，英语教师需要注意以下几个方面。

第一，找到学生的兴趣点。只有这样，老师才能在教学的过程中利用这些令学生感兴趣的材料，从而激发学生学习英语的兴趣。

第二，表扬取得进步的学生。一定的激励举措可以促进学生的有效学习，在学生心中建立良好的反馈。

第三，要注意师生之间的双向互动。实践表明，学生对一个老师的好恶，很可能影响学生对这个老师所授课程的成绩。因此，英语教师要在课堂上营造轻松活泼的授课氛围，在课下多和学生进行沟通。

第四，对教学评价方式进行革新。可以在教学评价方式中引入形成性评价，使学生在注重学习成绩的同时，也要注重学习的过程，激发他们在学习过程中获得新知识的求知欲。

（三）灵活性原则

由于语言是一个处于不断发展变化过程中的开放性系统，为了保证学生对于英语学习始终充满兴趣，老师同样要注重对灵活性原则的运用。英语教师在教学过程中，应注意以下几个方面。

第一，运用灵活的教学方法；第二，在学习过程中，教师要扮演引导者的角色，指引学生采用灵活的学习方法；第三，在课堂上灵活使用英语。语言的主要用处是沟通和交流。老师在课堂上要自主灵活使用英语，为学生树立榜样，从而在潜移默化中影响学生使用英语。

（四）交际原则

在英语教学改革中，要始终贯彻交际性原则的要求。老师的职责不仅是教授学生有关英语的语法、词汇等基础知识，还要指导学生在实际生活中运用英语。这需要教师在实际授课过程中做到以下几个方面。

第一，正确理解英语教学的性质。英语教师在授课之前，需要明白现在社会所需要和高校想要培养的英语人才并不是应试高手，而是能熟练使用英语的高素质人才。英语教学是一种为了提高学生听、说、读、写能力而开展的综合型课程，所有教学活动的开展，都应该致力于培养学生熟练使用英语的能力。而学生用英语进行交际的能力需要在使用英语的过程中得到提升，只注重对学生理论知识的传授，对于英语教学是远远不够的。

第二，明确英语是一种用来交际的语言工具。归根到底，英语教学的最终目的是培养学生用英语进行学习、工作和生活的能力。因此，在英语教学过程中，英语教师应把交际原则放在首位，培养学生在课堂上和生活中用英语进行交际的能力。英语老师在开展教学活动中，要注意以交际为主要的关注点，在课堂上营造用英语进行交流的学习氛围。

第三，教学内容要和现实生活密切结合起来。英语学习是为现实的学习和工作服务的，因此教学内容要注重和现实生活相结合。在具体教学活动中，英语教师应把语言和学生所关心的话题结合起来，以此来引起学生的关注，激发学生的学习热情。

第四，在教学中创设交际情景。真正具备英语交际能力的人，是能够做到在恰当的地点和时间，以恰当的方式向恰当的人说恰当的话的人。为了培养这样的高素质大学生，需要英语老师在教学过程中创设交际情景，通过开展不同类型的教学活动来培养学生应用英语的能力。情景所包括的要素主要有时间、地点、参与者、交际方式、谈论的题目等内容。在不同的情景中，由于一些要素的制约，讲话者的内容和语气也会随之不同。同时也会出现同一句话在不同的情景中表意不同的情况。如，"Can you tell me the time?"可能具有两层意思，第一层意思是质问他人迟到的原因，第二层意思是询问时间。因此，在教学过程中，为了使学生对每一句话的表意有准确的理解，英语老师应注意把教学内容置于特定的情景中。英语老师可以利用各种教具作为辅助，开展不同情景的交际活动。同时，教师也可以调动学生的自主性，设计一些具有交流性质的任务型活动，让学生自主完成特定的学习任务，从而在完成任务过程中获得相应的知识。

（五）系统性原则

系统性原则可以帮助学生获得所学知识的系统概念，在大脑中形成相关的知识结构框架，从而更好地掌握所学的知识。因此，在英语教学改革中，也要注重遵守系统性原则。为了使学生得以系统地掌握所学知识，教师需要做到以下几点要求。

第一，系统安排教学工作。这要求教师的教学工作应具有一定的规划，可以通过有计划地备课、有计划地布置作业等来完成。

第二，系统安排教学的内容。为了确保学生可以循序渐进地掌握现阶段应掌握的知识，教师在安排教学内容中，应按照一定的顺序展开。比如，在安排低年级英语教材的教学内容中，要按照圆周式的方式，不要机械地去理解系统性的知识。教师应按照教科书的编排顺序和实际授课的情况，确定讲课的重难点。讲授新的知识点时，要由浅入深，由易到难，循序渐进地进行讲解，以便于学生的掌握。

第三，系统安排学生的学习。教师在教学过程中要发挥好引导者的作用，指导学生进行连贯和系统的英语学习，鼓励学生对于英语学习要坚持不懈，要有恒心，同时要树立学生学好英语的自信心。在具体教学实践中，教师通过在课堂上讲解习题的形式，督促学生按时完成学习任务，培养学生日常坚持学习英语的习惯，杜绝学习英语只是为了应试的不良风气。

（六）关注情感的原则

不同于传统的教学模式，现在的教学模式多以学生为中心。因此，在进行英语教学改革中要体现以学生为中心的教学理念，关注学生的情感。教师可以通过以下几个方面关注学生的情感。

第一，努力营造良好的教学环境。英语教师要努力建立相互尊重、理解和信任的新型师生关系,并注意营造轻松愉悦的学习氛围。

第二,要培养学生形成积极的情感。其具体举措包括在课堂上讨论情感问题的方式,建立情感态度的沟通渠道等。

二、英语教学改革的理论基础

(一)认知理论

认知语言学是认知科学和语言学相结合形成的新型学科,兴起于20世纪80年代。在我国得到广泛的认可是在20世纪90年代,其相关概念对许多领域产生了深刻的影响,其中包括第二语言习得和教学等领域。认知语言学中被英语教学所借鉴的主要有基本范畴、隐喻认知结构、象似性、图式等。

1. 基本范畴

范畴产生于人们对客观事物进行判断、分类和储存的需求。需要注意的是,在统一范畴中不同的事物可能处于不同的层面和地位,有一些事物被人类迅速地认知,这些可以被人类迅速感知的事物所处的范畴领域就被称为基本范畴。基本范畴具有四项主要特点:其一,具有能被感知的特征;其二,可以在第一时间被识别;其三,首先被认识、命名、掌握和记忆;其四,对一些特定中性词的使用频率较高。

这对英语教学和学习的启示是,在词汇教学中,英语教师应先讲解一些基本范畴的词汇,然后再讲解更高范畴层次的词汇;学生要按照词典对词汇范畴的划分,先学习那些基本范畴的词汇,再学习其他更高范畴层次的词汇。

2. 隐喻

莱考夫和约翰森在其著作中提到,隐喻不仅是一种语言现象,更是一种思维方式和隐喻概念体系,是人们的认知思维方式之一。他们认为,人类思维的方式其实就是隐喻,人们构建概念系统的方式也和隐喻的方式相似。词语的隐喻意义的产生渠道主要有两种:其一是为了适应生活的需要灵活产生的;其二是在不同民族和国家中约定俗成的。在词汇教学中,要注意对学生隐喻思维的培养,良好的隐喻思维可以帮助学生深入理解不同语言民族的思维特点,理解语言形式表层难以理解的某些概念。

3. 图式理论

约翰森认为意象图式指的是通过感知的相互作用和运动程序获得的对事物经验给以连贯和结构的循环出现的动态模式。"图式"指的是知识在头脑中储存的方式，是大脑按照积极性原则对过去经验进行的反映和重组。

鲁梅尔哈特认为阅读图式包括三方面的内容，即语言图式（linguistic schemata）、内容图式（content schemata）和形式图式（formal schemata）。在英语的听力理解中，同样具备这三方面的内容。形式图式包括语篇图式，因此老师在教授过程中不仅要解决学生的语言障碍，还要讲解文章的结构。内容图式要求老师要针对不同教学目的和教学对象选择不同的阅读材料进行授课。从本质上来看，英语的阅读教学要处理好阅读材料的内容图式和学生大脑中内容图式之间的平衡关系。

4. 距离象似性

距离象似性指的是概念距离和语言形式的距离成正比，其理论基础认为，临近的概念和思想容易被唤起，在心智水平上放在一起进行处理的可能性也越大。在英语学习中，可以借鉴一定的距离象似性原则，从而更好地学习语法知识，更得体地运用英语进行交际。

索绪尔在《普通语言学教程》中曾经提出语言符号任意性的原则，后被认为是人类语言的本质特征之一。但是随着认知语言学的进一步发展，语言符号的任意性原则遭到了普遍的质疑，从而引起国内外相关专家和学者对语言象似性的关注和研究。在我国，对语言象似性进行研究的主要有沈家煊、杜文礼、王寅等人，王寅认为语言象似性是"语言符号在音、形或结构上与其所指之间存在映照性相似的现象"。

很久以前，距离象似性就对语言符号象似性展开了研究，最早的研究者是哲学家和符号学家。美国哲学家皮尔斯曾经提出了将符号分为象似符（icon）、标志符（index）和象征符（symbol）的符号三分法。功能主义语言学家海曼将语言结构的象似性分为成分象似与关系象似两大类。成分象似指的是语言成分和人类的经验成分存在一定的象似之处；关系象似指的是语言结构的不同成分之间的关系和人类经验的结构内部成分之间的关系存在一定的对应性。

在学习英语的过程中，不仅要获取相关的语言知识，还要培养用英语进行交际的能力。因此可以分析英语语言交际中的距离象似性，来探讨其对英语交际的重要原则——得体性与礼貌程度所造成的影响。

（二）语言学习理论

1.行为主义学习理论

行为主义学习的理论基础是"条件反射"，该概念由俄国生理学家巴甫洛夫（Ivan Pavlov）提出。在"条件反射"概念的启发下，人们通过研究发现，儿童学习语言的过程是一个重复的"刺激—反应"的过程，儿童在这个过程中实现对母语的学习。

（1）华生行为主义学习理论。行为主义学习理论是由美国心理学家华生（John B.Watson）在20世纪初所建立的。他认为人类的行为可以用客观的方法进行研究。华生强调，在特定的环境下，动物和人的复杂行为都是通过自身所习得的，并且都具有刺激和反应这一共同的因素。基于此，华生提出了著名的行为主义心理学公式，即"刺激—反应"（S—R，即Stimulus—Response）。

（2）斯金纳对行为主义学习理论的发展。在华生行为主义心理学基础上，美国学者斯金纳（B.F.Skinner）对行为主义继续展开研究，并在1957年出版了《言语行为》（Verbal Behavior），在书中斯金纳进一步概括了行为主义对于言语行为的影响。斯金纳在《言语行为》中认为，人类的言语产生于一些刺激活动，这些刺激包括外部的刺激和内部的刺激，在这些重复不间断的刺激活动中，人们学会了与自身的生活社区所适应的语言形式。可见，"重复"对学习的重要性。行为主义的学习模式可以用图1-1表示。

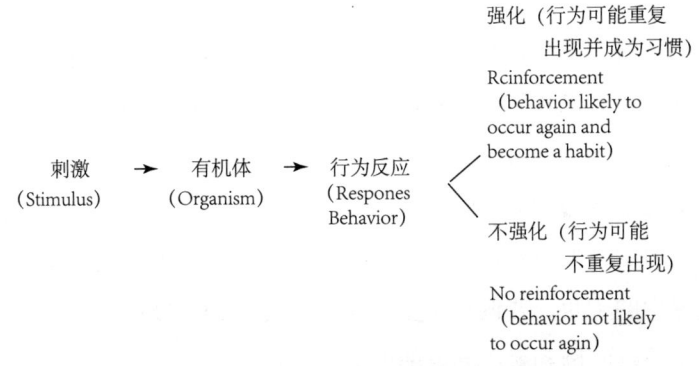

图1-1 斯金纳的行为主义学习模式

行为主义学习理论对英语教学的实践有深远的影响。如，在学习过程中，对学生实行一定的奖惩机制来促进学生的学习，遏制一些不利于学习的因素。这就是说，英语教师可以通过开展活动来对学生的学习过程进行干预，从而促进学生的学习积极性，通过表扬的形式激励学生的学习自主性，通过警告的形式制止学生中存在的不良学习行为。

2.认知主义学习理论

从上文的分析中可以看出，行为主义理论在语言研究中占据了重要的地位。但是行为主义把人的思维都简单化地看作是"刺激—反应"的过程，对人的意识问题没有进行充分的考虑。因此，该理论逐渐受到了相关学者的质疑。在这样的学术背景下，认知主义学习理论逐渐有了立足之地。该理论认为学习过程是通过对情景的认知和领悟而不断形成认知结构的过程，其主要关注点是学习的内部条件和步骤，主要有皮亚杰的发生认识论和布鲁纳的发现学习理论。

（1）皮亚杰的发生认识论。皮亚杰的发生认识论主要关注的是人类的认识问题，主要包括概念、记忆、推理、表象、注意、感觉、决策、人工智能、认知发展等内容。该理论认为，对任何一个人进行研究都可以从他的童年时期甚或是胚胎时期开始。因此，皮亚杰主要的研究重心是认知发展的机制和阶段性。皮亚杰建立了较为直观的心理模型用来模拟抽象的大脑活动过程，进一步加深了人类对自身的了解程度。

（2）布鲁纳的发现学习理论

布鲁纳的发现学习理论认为学习的实质是主动形成认知结构的过程。认知结构指的是认知新事物的一种方式。布鲁纳认为学习过程包括知识的获得、知识的转化、知识的评价三部分，在学习的过程中，这三部分几乎同时发生。从本质上来看，学习新学科的过程就是学习新知识的过程，而这些知识的最终习得，必然经过知识的获得、知识的转化和知识的评价三部分。从这个角度来看，布鲁纳的发现学习理论是最值得考虑的学习方式。

在发现学习中，要时刻以学生为中心进行授课，教师充当的角色主要是引导者，而不是课堂的主角，要调动学生在学习过程中的积极性和主动参与性，从而培养学生自主分析问题和解决问题的能力。

3. 合作学习理论

合作学习理论是由美国明尼苏达大学教授约翰逊（Johnson）等人提出的，该理论认为，合作学习指的是小组成员通过合作来完成学习任务的一种学习方式。合作学习的理论基础是建构主义理论、认知发展理论和社会互赖理论。本小节对建构主义理论、认知发展理论和社会互赖理论进行初步的分析，旨在为现代英语的教学改革提供一定的借鉴。

（1）建构主义学习理论。可以从两个层面对建构主义学习理论进行探讨。其一是主要观点。该理论认为：一是知识的获得需要学习者借助他人的帮助和参阅相关的学习资料。因此，在英语教学中，英语教师要为学习者营造合作的学习氛围；二是在英语学习中注重"情境""会话""协作"和"意义的建构"四项要素。其二是积极影响。现代英语的教学和学习在不同程度上都受到了建构主义学习理论的影响。在认识层面，建构主义学习理论以学生为中心，颠覆了原有教学模式中以教师为主体，学生被动接受知识的传统。在学习方式层面，建构主义学习理论鼓励不同学生之间、师生之间的互动和合作，即"互动式教学模式"，该模式是对传统教学模式"填鸭式""灌输式"的否定，注重学生在学习过程中的积极参与。在学习内容层面，建构主义学习理论强调英语教学内容的趣味性，同时也要具有浓厚的生活气息。在测试内容和形式方面，由于受到建构主义学习理论的影响，现在高校的英语测试注重对学生交际能力的考核。

（2）社会互赖学习理论。可以从两个层面对社会互赖学习理论进行探讨。其一是主要观点。该理论的主要关注点是研究成员在具有竞争性和合作性的社会情景中如何行动、内心活动是怎样的、互动的结果如何。其二是对合作学习的启示。社会互赖理论对合作学习有重要的指导意义。合作学习主要包括积极互赖、责任到人、促进性互动、社交技能和小组反思五项重要的内容。为了达到最好的授课效果，教师要在进行教学设计之初，就充分考虑对这些要素的运用，促进学生之间和师生之间的合作和互动。

第三节　英语教学改革的内容和新形势分析

在实际学习英语的过程中，我们可以体会到，现今的英语教学改革虽说取得了一定的成就,但仍存在一些的问题。在国民对英语日趋重视的时代潮流下,可以发现大多数人对现有英语教学体制的不满,也就是说现在的英语教学模式过于陈旧,不能满足随着时代发展而产生的学习英语的新需求。为了解决这样的困境,对英语的教学模式进行改革成为必然。为了更好地推进改革,对改革的内容和新形势进行相应的分析和探讨十分必要。

一、教学观念的转变

要想彻底地对英语教学进行改革,首先要摒弃传统教学观念的一部分内容,主要包括教学目标的转变和教学主体的转变两方面的内容。

(一)教学目标的转变

在我国刚开始开展英语教学的时候,由于教师素质的局限和社会需求等原因,造成了我国英语教学看重语言知识、阅读写作,而轻视语言技能、听力口语的现象。但是,语言的本质是用来沟通交流的,而不能仅限于对语言知识和应试能力的培养。随着全球化的进一步加深,对我国学生的英语综合能力有了更进一步的要求,现在市场上最为缺乏的是同时具备听说读写综合英语能力的人才,那些只具备英语读写能力的求职者,并不具有竞争优势。因此,英语教学的目标必须进行转变,要以培养大学生的语言技能为中心,着重培养学生的听说能力,从而培养出具备英语综合能力的高素质人才,以适应社会的发展变化。

需要指明的是,英语教学在传授给学生语言知识的同时,要注重对学生语言能力的培养,两者具有同等重要的地位。要想学好一门语言,大学生必须在学好语言知识的基础上,提高自身应用语言的能力。只有这样,才能更为扎实地掌握英语,运用英语进行沟通交流。

同样的道理,重视对学生听说能力的培养,并不意味着要偏废对学生读写能力的培养。我们应该明白的是,英语的听、说、读、写、译五项能力是有机地结合起来的,只有全面提高这五项能力,才能保证英语总体水平的提高。

(二)教学主体的转变

大学英语教学要改革原来以教师为主导的教学模式,把学生看作是教学的主体。在传统的英语教学课堂中,教师充当着主导者的角色,学生的学习接受过程相当地被动，这样的教学模式造成学生的思维惰性，学生不能牢固地掌握教师在课堂上传授的知识点，其听说能力也没有得到提高。

要想更好地提高学生的英语综合能力，英语课堂的授课方式要以学生为主体，教师应退居其次，引导学生积极主动地进行学习，注重对学生学习能力的培养，"授人以鱼不如授人以渔"，只有这样才能从根本上改善大学生英语水平低下的问题。

二、教学内容的改革

（一）建构个性化英语体系

建构主义学习理论的核心要求是对英语课堂教学内容进行改革，在改革的过程中，主要的理论依据是认知理论。在经济文化全球化的背景下，为了更好地培养学生的英语综合能力，建构个性化的英语语言体系势在必行。

英语教学的改革是为提高学生的英语能力服务的。英语综合能力主要包括听、说、读、写、译五个方面的技能，影响这五种能力习得的要素主要有语音、词汇、语法、文化、语境等。因此，英语课堂的教学内容应具有一定的科学性和合理性，帮助学生在潜移默化中建立适合自己的语言体系，并通过对英语这门语言的不断应用，来提高自己的语言能力，从而达到英语教学改革的主要目标。这就要求，英语教师在授课过程中，首先，要借鉴功能语言学、认知心理学等新式教学理论的最新科研成果，并根据不同的教学对象，选择适合其学习的教学内容；其次，要有计划地展开教学活动，将最终想要取得的目标划分为阶段性的小目标，形成适合学生的英语语言知识体系；再次，英语教师在授课中要注意对英汉两种语言进行对比分析，从而使学生更好地理解英语的语言规则；最后，教师要帮助和引导学生回顾自己在上一阶段的英语学习中已经习得的知识点和语言能力，帮助他们设计适合自己的指标体系，更好地促进学生的学习积极性。

（二）增加语言文化的内容

语言和文化密不可分，一种民族的语言承载着该民族特有的文化传统。因此，语言的学习不仅仅是语言知识的学习，还要对该语言所承载的文化有一定的了解。学习者对一门语言的学习受到其所掌握的这门语言文化的影响，掌握的文化知识越多,也就越有利于对这门语言的学习,反之亦然。因此,英语教学者在教学过程中要把英语知识的教学和英语文化的教学放在同等重要的地位。只有这样,学生掌握的英语知识才能化为生活中可以运用的活知识,加深学生对英语语言的理解。

三、教学方法的改革

传统的教学方法主要有语法—翻译法(grammar-translation method)、直接法(direct method)、听说法(audio-lingual method)和交际法(communicative approach)。这些教学方法产生于特定历史时期对英语教学的要求,曾经对英语教学产生了巨大的影响。但是随着时代的发展,一些教学方法显得过于陈旧,不能满足新时代对英语教学的要求。

为了响应英语教学改革的号召,近几年,从国外引进了一些新的英语教学方法,使我国的英语教学焕发出新的生命力。但是一些英语教学者过分注重采用外来的教学法,摒弃了所有的传统教学法,使得英语教学过于僵硬,并不适应我国英语学习的基本情况。我们需要明白的是,英语教学方法的采用并不是一劳永逸的事情,要充分考虑不同的时代背景、历史背景和教学对象的个体差异性,从而对教学方法不断进行相应的调整,在实践过程中探索出最合适的教学方法体系。在这个过程中,英语教师可以参考一些新型的教学方法,对自己的教学体系做出一定的调整。下文对一些新型教学方法做些简单的介绍。

(一)语域分析教学法

在不同的学科领域,语域差别指的是同一个英语单词可能具有截然不同的词义的现象。如,solution常见的词义是"解决办法",在数学学科中被译为"解;解法",在法律领域中被译为"债务清偿",在化学领域中被译为"溶解;溶液",在医学领域中被译为"消散;消肿"。这就要求英语教师要在特定的语域中教授学生一定的语言知识,使学生更加精确地领会英语语言知识。

(二)体裁分析教学法

在学习英语的过程中,我们要首先知晓的是,为了达到特定的交际目的,不同的英语语篇具有不同的体裁特征。因此,教师可以通过对体裁的分析,引导学生掌握不同语篇中语言的逻辑层次具有的不同特点，从而更好地掌握英语语言的结构框架。

（三）互动交际教学法

哈钦森和沃特斯（Hutchinson & Waters）强调，语言学习需要学习者的主动参与。这一观点得到了建构主义者的认同，他们认为，在学习过程中，只有发挥合作的作用，这样才能实现学习的意义。立足于当前的时代背景下，英语教学不能局限于对学生英语知识的传授，更要注重培养学生用英语交际的能力，互动交际教学法关注的就是这一点。在互动交际的教学实践中，教师可以开展角色扮演、小组讨论、竞赛、游戏等活动，使学生在参与的过程中扎实地掌握英语知识。

四、教学手段的改革

（一）初级阶段

在我国开展英语教学之初，教学手段非常简单，一张黑板和一支粉笔就已经是全部了。为了加深学生的理解，也有的英语老师会用实物、图画、卡片来辅助教学。随着英语教学的革新，教学手段也得到了一定的提高，但在这个过程中，黑板自始至终发挥着不可替代的作用，它有现代技术无法取代的优势和特点。

随着科技的进一步发展，一些电化教具也逐渐出现在了英语课堂上，如收音机、电影与电视、投影仪、录音机及磁带、录像机及录像带等，这些工具在一定程度上提升了英语教学的总体水平。

（二）语言实验室

语言实验室指的是具有通信系统的电化教室，主要由一些像录音机、录像机这样的现代化视听电教设备所构成。20世纪70年代中期，在英语教学中，语言实验室发挥了重要的作用。语言实验室对于英语教学具有诸多的优势，如可以营造适合学习的语言氛围，便于学生的自主学习和老师教学活动的开展。

（三）计算机辅助外语教学

20世纪60年代至80年代，计算机辅助外语教学（Computer—Assisted

Language Learning）逐渐应用于大学课堂，由于其具有效率高、更为便捷的优势，发展十分迅速。到目前为止，用计算机进行英语课堂教学经历了三个发展阶段，在第一阶段计算机充当教学辅导员，在第二阶段计算机担任学生角色，而在第三阶段则是网络英语教学。

五、考试形式的改革

目前，我国的英语考试形式主要是笔试，但是笔试只能考查学生的读写能力，对听力的考查不足，口语能力更是无从考查。因此，在对英语的考试形式进行改革时，要重点关注学生的听力和口语。

第一，改革听力考试。要改变现在英语听力考试题型单一的现状，设置多样的题型对学生的听力进行全面的考核。可以在进行阶段性考试时，把题型设定为听单词和词组、听句型和句子、听对话、听课文或短文、听小故事或小幽默等。

第二，组织口语考试。教师要根据学生学过的知识，开展一定的口语测试，改变四六级考试和期终考试不考查学生口语的现状。只有举行一定的口语考试，才能引起学生对口语的重视，增加对口语的学习投入，从而提高英语综合能力。

第二章
大学英语教学改革的三个基本问题

第一节 大学英语教学改革之英语文化教学

实际上,学习语言的过程是学习者了解及掌握语言所蕴含的文化背景知识的过程,从这个角度来看,语言教学的重要内容之一就是文化教学。可以说,一个人运用语言的实际能力,直接受到他掌握该语言国家文化知识的熟练程度。由此可以看出,对教学进行改革,就要注重开展大学英语文化的教学,尤其应加大对学生交际文化素质的培养,从而使学生的能力达到社会的要求,在跨文化的交际中,能够顺利地、有效地、得体地进行沟通。

一、文化教学的内涵

要想使学生真正彻底地掌握一门语言,英语教师在教学改革的过程中,除了传授给学生最基础的语言技能、知识,还要想方设法地帮学生了解、熟悉、掌握语言背后所包含的文化知识。

(一)文化教学的含义

文化教学指的是在语言教学过程中融入该语言国家的文化知识、文化背景等的教学方式。文化教学包括文化知识和文化理解两个方面,学习文化的开始是对文化知识的掌握,而促进语言交际成功的关键是对文化的理解。

(二)文化教学的原则

一般来说,大学英语文化教学有两个层面内容,即非语言内容和语言内容。为了避免在实际交际中,大学生因文化差异而出现语言障碍,教师必须注重表2-1所示原则的运用。

表 2-1 文化教学的原则

原则	含义
适度性原则	适度性原则是针对文化教学过程中运用的教学材料和教学方法来说的。教学方法的适度性是指教师应该创造机会来帮助学生进行探究，教学材料的适度性是指文化教学材料的选择要能够代表其语言国家的主流文化。适度性原则要求教师做到以下几点：把握住文化知识的针对性，避免占用过多的教学时数，把握好其教学时间；在实际的授课过程中，遇到文化障碍问题的时候，教师应该对遇到此障碍问题的文化背景进行介绍，并且为以后教学中遇到此类相同或者相似的障碍扫清道路；适度地教授学生习得所需要的文化内容
认知原则	主要包含两个层面：一是主要涉及英语社会和文化知识的培养；二是涉及识别力、观察力等某些特殊能力的培养。认知原则的着重点在于理解，而不在于行为表现。在英语语言中，很多习语、谚语、典故等来源于神话故事、圣经故事、文学故事等。如果学习者对这些故事不熟悉的话，就很难弄懂整句话的实际含义。而认知原则就是强调对目标与文化要了解和熟知。在大学英语文化教学中，教师应着重培养学生发现、分析、总结目标与文化的能力，并最大限度地让学生掌握西方文化的特征以及中西文化的差异。当然，教师也可以鼓励学生在授课之前尽可能地搜集一些关于文化背景的资料，或者在课堂之后写一些关于其文化的论文
实用性原则	在实际的文化教学中，教师首先应该对教学对象进行分析，对日常交际情况进行了解，然后选择恰当的文化教学内容进行课堂授课。简单来说，文化教学中要注重实用性原则。所谓实用性原则，就是主要教授的是一些与学生所学内容以及跨文化交际内容相关的文化知识。另外，文化教学的实用性原则还要求文化教学的内容要具有代表性，因此所选取的文化内容也是代表该国家的主流文化，而不必将该国家的文化介绍得面面俱到。英语教师恰当地运用实用性原则，能激发学生学习语言与文化的兴趣，有助于学生将课堂、课外学习的知识转化成一种语言技能，从而应用于文化交际中；能避免学生认为语言与文化的关系是抽象、空洞的关系
层次性、循序渐进性原则	大学英语文化教学有层次性、阶段性，这就需要在文化教学中遵循层次性、循序渐进性原则。教师应该根据学习者的实际语言水平、接受能力来确定教学内容。在难易程度上也应该具有层次性，即从简单到复杂、从浅显到深层、从具体到抽象
对比性原则	在大学英语文化教学中，教师应该遵循对比性原则，即引导学生将英语文化与本国文化进行对比，帮助学生发现、分析两国文化的差异。通过对比，学习者可以加深对不同文化概念的理解，避免在实际的交际中出现文化不当行为；可以避免将自己国家的文化带入英语国家文化情境中；可以避免出现种族主义；有助于不同阶层的学习者提高对文化的理解力。总之，在文化教学中，教师应该引导学生多搜集一些文化背景的资料，对中西文化的差异进行了解和对比，从而帮助学生积累丰富的文化知识

续表

原则	含义
交际性原则	教师在实际教学中应该考虑到其"交际性"。对交际性原则的遵循，就是要求教师传授给学生的应该是那些易于理解和使用的，并且有助于学生顺利进行交际的文化知识
灵活性原则	在大学英语文化教学中，教师应该遵循灵活性原则，根据不同学生的情况，按照不同的教学要求，选择灵活的教学手段，这样可以极大地调动学生的兴趣和积极性。例如，教师采用的教学手段可以是角色扮演、文化专题讲座、小组讨论等。在大学英语教学中，教师可以将课内和课外相结合，在课堂内部内容丰富的前提下展开多样的课外活动。在这些实践活动中，学生可以掌握恰当的语法结构、语义结构以及如何在恰当的场合运用语言，同时也可以避免交际中的误会，增强两种文化的交融和理解

（三）文化教学的内容

大量中外学者论述与研究了大学英语文化教学的内容，取得的研究成果见表2-2。

表2-2 中外学者的研究成果

学者	研究成果
左焕琪	认为文化教学内容包括：重大的历史事件；地理概况；包括饮食、文体活动以及购物等在内的行为文化；涉及就业、工作场所的规章制度、婚姻情况、服饰文化等各阶级、阶层的社会生活特征；涉及政治、经济、教育、民族等基本特征；包含表情、手势等一些非语言特征；涉及文学艺术、建筑文化、音乐美术等建筑特征；以上各项与本国文化的差异性特征
弗莱斯	论述了文化对语言教学的作用，并且以语言教学作为出发点，提出将文化的内容加入到语言教学中。对于文化教学的内容，他着重强调了两个层面，即有关民族的文化以及生活情况。他认为这两个方面不应该仅仅是语言课堂上的附加成分，而应该是贯穿于语言学习的各个阶段，并且是不可或缺的组成部分
斯特恩	指出语言学习者需要学会以下六种文化教学的内容：微观层面（个体及生活方式）；宏观层面（民族和社会）；地理；历史；习俗；制度；音乐、艺术、文学及成就
拉多	明确指出语言是文化的一部分，因此教好语言的前提就需要掌握语言的文化背景，从而习得文化的规则与模式，保证能够正确、得体地进行交际。根据文化教学目的的不同，拉多将文化教学分成初级意义单位、虚假定式、伟大成就三个层面的内容

续表

学者	研究成果
查斯顿	主张从狭义层面的文化入手，然后逐步向广义文化扩展。为了讲授狭义层面文化的内容，他总结了44个主题，将其规划为以下几点：父母、青年、亲戚、朋友、交通、穿着、金钱、恋爱、婚姻、职业、教育、饮食、文娱、宗教、人口、环境、法律、报纸、度假、广告、政治、纪律、死亡等。这一概括的主题是相对全面的，基本上包含了人们生活中的所有内容

相对于西方文化所涉及的广泛的、多样的、复杂的内容，我国学生的精力与时间极其有限，这就要求英语教师在教学过程中，恰当取舍教学的内容，而不是包罗万象，什么都讲。在教学过程中，英语教师可以重点讲解英美国家相关的文化，而简要概述其他国家的文化。同时，英语教师应该教授那些相对容易掌握且实用性强的内容，达到使学习者能够无障碍地与西方人交流的文化教学目的。表2-3对文化教学的内容进行了总结。

表2-3　文化教学的内容

文化教学分类	具体的文化教学内容
观念文化	1. 艺术，如美术、建筑、音乐等
	2. 宗教，如基督教、天主教等
	3. 地理历史，如英美地理、历史等
	4. 哲学，如哲学简介等
	5. 科学技术，如世界科学技术发展简史等
	6. 文学，如英国文学、美国文学等
	7. 价值体系，如英美价值体系等
制度文化	1. 政治制度，如英国政治制度、美国政治制度等
	2. 经济制度，如英国经济制度、美国经济制度等
	3. 法律制度，如英国法律制度、美国法律制度等
	4. 礼仪，如英国礼仪、美国礼仪等
	5. 生活习俗，如英国习俗、美国习俗等
物质文化	1. 饮食，如英国饮食简介、美国饮食简介等
	2. 服装，如英国服装流派、美国服装流派等
语言文化	1. 习语、谚语
	2. 英美词语内涵
	3. 语篇结构

二、文化教学的现状

随着我国不断加深与世界其他各国和地区的交流，人们越来越离不开跨文化交际，英语教师在大学英语教学过程中，也越来越关注文化教学。目前，我国大学的文化教学存在很多问题，下面逐一分析一下。

（一）文化教学的发展受到应试教育的阻碍

文化教学的发展受到应试教育的阻碍，主要原因是：大学阶段的四六级考试和其他考试是将英语文化知识的考核抛之于外的。一般来说，这些考试忽视考核学生的文化知识，仅仅注重考核学生的语言知识。

（二）英语教师相当欠缺文化教学意识

作为文化教学的关键因素，教师应该学贯中西，具备丰厚的语言功底。虽然大多数英语教师都是毕业于英语专业，但是他们的文化教学意识仍旧非常薄弱，功底也不强。这其中主要包括以下两方面的原因：我国目前大多数英语教学接受的都是传统的、单纯的英语教育，因此教师的教学观念也是存在明显的偏差。在实际英语教学中，教师始终坚持培养学生纠正语言形式、运用语言形式，但是这种运用并没有强调其得体性，因为他们对英语文化知识的介绍寥寥无几；我国的绝大多数英语教师并不是母语学习者，缺少实际英语学习的大环境，自身对跨文化知识掌握的就很零散。再加上他们忙于沉重的教学任务，也没有过多的空闲时间进行文化教学研究，教师本身就严重缺乏文化知识，只能选择对文化教学的放弃。

（三）文化教学内容的片面性较强

如今，在一些大学中，的确有英语教师在教学过程中引入了文化教学，但是很多时候，他们的教学内容具有较强的片面性。他们错误地认为文化教学的全部内容就是文化背景知识，但是其实文化教学往往涉及相当广泛的内容。同时，他们教学时通常采用灌输的方法，几乎从来不使用启发的方法，这样教学的效果可想而知。虽然在正常教学过程中，英语教师不可能详细讲解英语文化的所有内容，但是教师最起码要教会学生得体地在特定的文化情境中使用英语。

（四）学生的学习积极性不高

学生在传统教学过程中始终处于从属地位，主导地位始终被英语教师牢牢占据着。习惯了灌输式的课堂教学方式后，学生几乎不会积极翻阅文化书籍，从而扩充文化知识。影响我国英语文化教学的重要因素就是学生不积极、不主动地学习，以及学生不善于获取与英语相关的文化知识。由此可见，改善课堂气氛、调动学习积极性，是有效开展文化教学的关键。

（五）受到教材内容的限制

目前，英语教学中的教材几乎都是科技性的、说明性的，所讲述的都是骨架式的知识，并不包含国家伦理、民族心理等与语言形式相关的文化角度的内容。这势必导致出现以下现象：教学过程中，在有限的教材中，学生对非语言形式的因素了解不足，忽视了文化因素的作用，不当地过分追求提高英语知识和书面语言能力。

三、文化教学的意义

英语教师在教学过程中坚持推广文化教学，主要有表2-4所示几个重要意义。

表2-4 文化教学的意义

文化教学是英语教学改革的需要	随着新课标在全国各地逐步展开，英语教学的教学目标、英语教学的教学理念以及英语教学的教学方法和评价方法都发生了非常大的变化。人们普遍意识到学习外语不仅是掌握语言的过程，也是接触和认识另一种文化的过程。文化因素始终隐含在外语学习的过程中，即使优秀的语言学习者，其交际能力可能因文化因素而受到限制，他们对周围世界的理解也可能因此而产生障碍。学习外语以及相关的外语文化，对我们从不同的角度观察和认识自我世界有很大帮助
文化教学是提高教师素质的需要	即使是再优秀的英语教师，为了能够教授学生得体地进行交际，都必须知晓文化背景，提高文化知识水平。这对所有的英语教师来说都是一种更高的要求，而且不是一件容易的事。英语教师应该对这一专题的专著和背景性的书籍进行阅读和理解。只有教师的文化知识水平提高了，才能有效地对学生进行文化教育
文化教学是人才培养的需要	从某种意义上来说，学习一种新的语言，就是掌握一种新的交际技能，了解一种新的民族文化。学生通过对中西方文化的对比和分析，能够较客观、全面地认识英语文化的要素，同时以新的洞察力审视和认识本国文化，进而在国际交往中做到知己知彼
文化教学是语言教学的一部分	语言是文化的一部分，是文化的载体，它有着丰富的文化内涵。如果只懂语言而不懂文化，就很难完全理解和正确使用所学的语言。所以，语言和文化是相互影响、相互作用的关系，是密不可分的

续表

文化教学是促进国际交流和合作的需要	随着全球经济一体化的进程不断加快,文化领域也在不断进行交融。因此,提高学生的英语交际能力不仅是中国教育改革的需要,更重要的是国家经济发展的需要。因此,英语文化教学是贯穿其中的重要的一环,应该将语言、文化、社会在教材、教学大纲、课堂教学、测试中全面反映出来

四、文化教学的实施方法

在教学过程中,英语教师可以灵活使用不同的办法应对教学改革,更好地解决文化教学中的种种问题。

(一)文化旁白法

作为较为简单的形式,文化旁白法是一种重要的传授社会文化知识的方法。它指的是英语教师在语言教学的过程中,在进行的听与读的内容中,见缝插针地传授一些文化知识。在讲解大学英语课文时,为了使学生更容易理解,英语教师可以穿插讲解课文所涉及的文化背景,如内容背景、时代背景、作者背景等。

(二)直接导入法

在课堂教学过程中,英语教师可以直接介绍文化知识。为了保证教学顺利进行,调节课堂气氛,调动学生的求知欲与积极性,备课时教师可以多多准备相关的语言文化背景知识,上课时结合文化背景,完成教材内容的讲解。

(三)课外学习法

课堂教学时间毕竟是有限的,学生学到的文化知识也是很有限的,而课外时间相对充足,为了拓展学生自身与英语相关的文化知识,英语教师可以使用课外学习法,即引导学生开展丰富多彩的课外文化活动。

(四)对比分析法

对比分析法对培养学生文化知识的效果最好,它更能帮助学生克服学习的心理障碍。为了使学生更容易理解与掌握不同文化系统中的文化规约和行为规约,在文化教学过程中,英语教师可以对比本土文化与别国文化。对两种文化的相同点,很容易实现正迁移,学生很容易理解和掌握;对不同点,不能仅仅对比表层形式,既要进行语言对比,又要进行非语言对比,避免出现负迁移的情况。在对比过程中,教师应当引导学生正确认识、处理不同文化的关系,不产生偏见的心理。

（五）借助媒体法

学生可以借助人们日常生活中常用的电脑、电影、电视等媒体，更多地了解、熟悉、掌握不同国家、不同地区、不同阶层的社会生活、风土人情、日常用语、语言特色、风俗习惯、常用的非语言手段等。一般来说，媒体上会出现一些外国人常用的表情、手势等，这些都是难得的丰富素材。为了更直观，可以给学生播放相关介绍西方文化的纪录片。

（六）讨论法

在课堂教学过程中，英语教师可以把学生分为若干小组，对与英语相关的文化知识开展集体讨论或小组讨论。在简短介绍学生接触到的文化内容以后，学生可以组为单位对比、分析、讨论，从而发现英美文化中的一些特征，真正提高对英美文化的敏感性，取得较好的教学效果。

第二节　大学英语教学改革之英语情感教学

情感体验主要有两种：一种是消极情感体验，它阻碍个人的身心活动；另一种是积极情感体验，它促进个人的身心活动。因此，为了取得较好的教学效果，英语教师在教学过程中，应当注意观察学生的情感因素，努力为其提供良好的、积极的情感体验。

一、情感的功能

学生的学习行为与教师的教学效果很容易受到情感的影响。为了取得较好的教学效果，必须了解情感的功能，见表2-5。

表2-5　情感的功能

功能	含义
动力性功能	动力性功能是指学生的非智力因素，它与操作系统是相对的。这种动力系统发挥的作用会严重影响教学效果。动力系统发挥的作用大，则学生学习的效率就会很高，因此收到的教学效果就会非常好；动力系统发挥的作用小，则学生学习的效率就会很低下，因此收到的教学效果就会非常差

续表

功能	含义
迁移性功能	迁移性功能就是学生对教师情感的共鸣迁移到所教授的学科之上,即教师的行为举止已经深深影响了学生对这门功课的关注程度
感染性功能	感染性功能就是用教师的情感状态来感化学生。教师在课堂之上流露出真实的情感,如控制话语的节奏和语调、教师的表情更加温和,这就会让学生产生共鸣,从而更加专注于学习
激发性功能	激发性功能是指积极的情感能够激发学生智力的一种功能,这种功能能够提高学生自身的智力水平,促进智力的超常发挥
调节性功能	调节性功能是指教师可以调节学生的自信心、焦虑、厌恶以及兴趣等情感因素。通过提高学生的自信和兴趣、缓解焦虑和厌恶情绪,可以改变学生学习的节奏,从而延缓学生的疲劳状态

二、情感教学的基本原则

情感教学本质是:为了促进学生的全面发展,英语教师应以对学生个体特征尊重为前提,使用特定的教学方法或教学手段,尽量对学生的情感需要予以满足。我们都知道,在课堂上,情感不是直接学习的内容,然而它会对学习效果产生间接影响。因此,在教学过程中,为了更好地指导教学实践活动,教师应该了解并努力遵守表2-6所示的情感教学的基本原则。

表2-6 情感教学的基本原则

原则	简介
寓教于乐原则	寓教于乐原则主要是让教学活动在学生快乐的情绪下进行,教师在教学活动中要能够预测和把握好一切的变量,激发出学生的学习兴趣和积极性,使学生乐于接受、乐于学习。在这一原则的贯彻过程中,教师不能整节课都是处于调节情绪上,应当把调节情绪作为教学活动的一个突破口,使学生的学习状态达到最佳的层次,同时也保证课堂活动的正常进行
移情原则	英语教师在教学过程中可以使用移情原则,主要包含两个方面:一是教师的个人情感影响学生情感,这里面的情感包含教师水平、道德品质、人格魅力等;二是文章的人物情感影响学生情感。在这一原则的贯彻过程中,教师应该引导学生体会作者的写作情感和意图,让学生在实际的学习中陶冶情感
情感交融原则	情感交融原则是指师生之间的情感,这种情感的优劣影响到学生的情感反应,和谐的师生关系有助于学生的学习积极性以及教学效果的优化。教学活动是在教师和学生二者之间进行的,属于一项传递师生之间情感的特殊交流活动。因此,这一原则在教学活动中必须遵守
以情施教原则	教师在授课的时候应该引入积极的情感,使情感和知识融合为一体。在这一原则的贯彻过程中,教师首先要控制好自己的情感,将自己置于积极的情感之中,只有教师自身的情感积极性强才能带动学生的情感积极性。此外,这一原则也可以应用于处理实际的教学内容

三、情感教学的意义

合理运用情感教学，有助于融洽师生关系，达到教学目标，完成教学任务。情感教学突出了学生的主体作用，具体来说，主要有以下几个意义：能开发学生的潜能；能提高学生的综合素质；能培养学生的自信心；能激励学生的活动；能融洽师生关系；能培养学生的高尚情操；能培养学生的创造性；能培养学生的意志力。

四、情感教学的影响因素

情感教学的主要影响因素是师生之间、学生之间的因素和学生个人的因素。前者如课堂交流、移情等；后者如自尊心、焦虑等。

五、情感教学的实施办法

在教学过程中，英语教师可以通过使用如下几种办法进行情感教学。

（一）建立良好的师生关系

教师可以从以下三个方面着手，建立良好的师生关系。

1. 完善自身个性

具备完善的内在人格魅力，教师才能与学生的关系更加融洽，教学才能顺利实施，获得较好的学习效果。教师应该不断完善个性，克服缺点，拥有幽默、负责、宽容等优秀品质。

2. 真诚爱护学生

不论是教学层面，还是道德层面，英语教师都应当有真诚的品质。对每一个学生，英语教师都要真诚、公平地对待，用心交流，不分优劣。另外，英语教师要特别鼓励与关怀学习较困难的学生，要相信他们、帮助他们，尽量不指责和批评他们，不打击他们学习的积极性、主动性。

3. 展现教学魅力

为了集中学生学习的注意力，快速激发学生的学习兴趣，使教学活动充满情趣与动力，英语教师应当尽量在学生面前展现出教学的魅力。

（二）帮学生克服焦虑情绪

在整个学习过程中，学生的焦虑情绪时常会出现，严重的焦虑情绪，甚至可能引发紧张或害怕情绪。因此，为了帮学生克服不恰当的焦虑情绪，教师应做到以下几点。

（1）为了使学习困难的学生积极参与学习，英语教师可以组建多个学习小组，并给予适时、恰当的指导。

（2）英语教师应当善于发现每个学生的优点，并将其树立为先进典型、榜样，让其他同学效仿、学习，从而为所有学生创建良好的学习氛围。

（3）对于学习困难的学生的提高要有所期待。

（4）通过关爱、呵护每位学生来保护他们的自尊。

（5）学会帮助学生分析错误并予以指正，而不是大声训斥。

（6）适当降低要求，对学生获得的进步多加鼓励，使其树立信心，取得更大的进步。

（7）对学习困难的学生，英语教师要多沟通交流，帮助他们找出学习薄弱环节和弱点，找到适合自己的学习方法，鼓励他们迎难而上。

（三）加强学生认知，激发学生积极性

现阶段，全国各大学校普遍都在开展大学英语改革，都在要求学生主动构建知识，参与课堂活动，因此学生必须充分发挥积极性和主观能动性，通过自身的积极调整而更加适应社会发展的需要，不能像以前那样被动地、填鸭式地接受知识。这就要求英语教师在教学过程中，具体问题具体分析，例如：若学生发音不准确，为了帮助纠音，教师可以在课余时安排学生开展语音训练活动；若学生不熟悉语法知识，为了让其在实际应用中了解语法，英语教师可以安排学生阅读课外读物，对于不明白最基础的语法知识的学生，教师甚至可以单独进行辅导、讲解，直至其完全明白。

第三节　大学英语教学改革之学习模式

以前的教学模式下，英语学习者学到了"哑巴英语"，无法掌握基本的听、说、读、写技能，达不到当今时代的要求。在大学英语教学改革的大背景下，大学英语教学都开始强调对学生语言综合运用能力的培养，这就势必要求学生改变英语学习方式，不是被动地接受知识，而是积极主动地学习，在学习中占主体地位。

一、探究学习

20世纪50年代,美国教育学家施瓦布提出探究学习:在教师的指导下,学生处于学习主导地位,积极探索,主动学习。施瓦布认为,探究学习是学习者自主获得知识的过程,目的是掌握研究所需要的探究能力。当然探究学习需要教师的辅导,学生不能漫无目的地自由学习。

(一)探究学习的特征

探究学习的特征主要有四个,即发展性、真实性、主体性、问题性,见表2-7。

表2-7 探究学习的特征

特征	含义
发展性	探究学习具有发展性特征,主要有两个原因:其一,探究学习的评价采取类似于纵向评价的方式,鼓励学生不断超越之前的自我而获得新的发展。学生通过不断进步而拥有越来越多的自信,也就能迎来新的成功,进而提高了内在驱动力。其二,探究学习是在活动的模式下进行的,而活动的这种开放性让学生可以充分发挥自由的权利,表现学习的主体性,从而促进个体发展
真实性	英语学习具有真实性特点,因为英语学科的内容大都来自日常生活,与学生的真实生活较为贴近。探究学习的真实性不仅体现在内容上,还体现在过程上。在探究学习中,学生将自己的知识、情绪、态度和兴趣等真实地表现出来,对学习中出现的真实问题进行信息加工
主体性	探究学习主张学生不断挖掘自己的内在潜能,只要智力正常,都可以通过学习提高自己的创新能力。探究学习常常是多人参加的过程,这既是探究学习本身所要求的,也是为了适应学习型社会。它注重个体体验,将知识的学习看成是认识、情感和人格的综合结果。学生在这种学习活动中都能获得一种主人翁的感受,学生不是被动地接受教师传递的知识,而是自己控制探究学习的进度。学生也不把教师分配的任务看作一种外来压力,而是看成自己学习的契机。它鼓励学生充分发挥自己的主观能动性、积极参与探究活动,形成多方面的学习交流,从而创造一种开放、民主的学习氛围
问题性	探究学习就是一种发现问题、提出问题进而解决问题的过程,这也是一条通往创新能力提升的道路。人类的进步和社会的发展正是由问题开始的。问题和学习是相辅相成的关系,问题越多,产生的学习活动就越多;产生的学习活动一旦多起来,问题也会自然而然多起来。也就是知识越多,越能发现问题的原因。问题是学习的线索,由问题入手,才会激发学生的好奇心,才会有深刻而全面的思考

(二)探究学习的步骤

探究学习的步骤主要是明确任务→分配工作→教师指导→汇报结果→科学

评价。

1. 明确任务

在学习之前，为了使学生完全理解要求，英语教师应当清楚明白地告诉学生学习重点、学习目标。

2. 分配工作

明确任务以后，教师就可以分配工作了。首先，教师要将全体学生分为若干小组，然后，分别指定小组长、记录员、汇报员，其任务见表2-8。

表2-8 小组长、记录员、汇报员的工作任务

职务	任务
小组长	要求有领导才能，能带领全组学生有条理地展开交流，进行探究学习
记录员	负责记录本次探究学习的重要内容
汇报员	将探究学习的情况概括地向全班交代清楚

3. 教师指导

开展探究学习，教师必须全程进行指导，在整个活动中起到导航、指路的作用，同时也应该给学生清楚描述学习的整个过程。需要特别留意的是，学生始终是学习的主体；在整个学习过程中，教师不能代替学生去做，而应该处于从属地位，在每个阶段都要给予学生建设性的意见，辅助、指导他们顺利地完成学习。

4. 汇报结果

探究学习快要结束时，学生必须反思整个学习过程，总结不足之处和做得好的地方，然后还要与和全班同学分享学习成果。可以通过抽签的形式决定汇报的顺序。汇报结果有两个好处，一是锻炼学生的语言表达能力，二是其他学生极有可能从汇报中注意易犯的错误并学到一些成功经验。

5. 科学评价

进行探究学习，英语教师应该掌握可靠的、科学的评价体系。学习评价是有关教师的教学质量以及学生学习成果等的信息。在探究学习中，根据评价结果，学生可以不断调整学习过程，达到理想的学习效果。

英语教师应当根据学习目的确定评价标准，灵活选择评价主体、评价方式和评价手段。为了帮助学生更全面、更真实地认识探究学习，不断改善学习方法、

改进学习态度等,英语教师应当结合学生互评、自我评价、定量评价、定性评价等,适当表扬做得好的学生,给予各种正面的强化措施。

(1)评价主体。有多元的评价主体,评价才能取得良好的效果。可以是自我进行评价,教师对学生进行评价,也可以是师生之间、学生之间相互评价,当然,还可以邀请社区人士和家长进行评价。需要注意的是,评价结果要保密,以维护大学生较强的自尊心和自我意识。

(2)评价方法。方法很多,如测验法、问卷法、观察法、访谈法。测验法主要涉及题目的选择,要选择生活化、难度适中的题目;使用问卷法时,可不设置唯一答案而采取开放性答案;使用观察法时,必须做好观察记录,尤其是重要细节不能遗漏;使用访谈法时,就要事先准备访谈提纲并且让每组学生回答的问题相同。

(3)评价方式。最完善的评价方式应该是将质性评价和形成性评价相结合。

相对于量化评价(以简单的数字为呈现形式),一般表现为文字性描述的质性评价,更能传达出优劣等信息。探究学习时进行形成性评价(也叫过程性评价),能够及时在学习过程中发现问题,从而进行适当的改进、调整。

(4)评价目的。评价目的是将评价作为学习的一种鞭策手段,不应该是根据成绩好坏将学生分类、分等级。不能使学生因评价结果不好而出现长时间的情绪低落。

二、合作学习

作为群体共同学习的方式,合作学习有时比个人独自学习更有效,它体现的是学习领域中的团体精神。目前进行的大学英语教学改革,非常注重对广大学生英语交际应用能力的改善、提高和培养,开展小组成员之间配合、交流的合作学习,就显得非常合情又合理了。

(一)合作学习的理论基础

合作学习的理论基础主要是选择理论和动力理论,见表2-9。

表 2-9 合作学习的理论基础

理论	简介
选择理论	选择理论由美国心理学家威廉·哥拉斯创造。他认为人的一生有多种需要，如合作的需要、归属的需要、与人分享的需要、爱的需要以及关心他人的需要，人们会尽量去满足它们。而合作学习正好满足了这些需要，因为成功的合作学习某种程度上会使人获得归属感、爱以及分享的喜悦。需要的满足才能带来幸福的、有质量的生活
动力理论	动力理论由格式塔心理学提出。合作小组的统一目标能够带给组员一定的学习动力。组员之间的学习行为是相互影响的，主要表现在组员的努力程度和学习状态受其他组员的影响，因此只有每个成员都将自己的能力和努力发挥到最大程度，才能最大限度地实现学习目标。组员的利益是连在一起的，并且小组间的竞争也有利于组员提高为共同利益而奋斗、对抗竞争对手的意识

（二）合作学习的基本要素

合作学习的基本要素主要有如下三个。

1. 组员间的人际交往技能

要求组员之间彼此信任、积极沟通以及正确地处理冲突，从而形成良好的小组氛围。良好的小组氛围会影响学习目标的实现。

2. 相互支持

为了最大化整个小组的利益，在资源、心理等层面，所有组员必须相互支持，因为组员的利益都是密切相关的，每个成员的影响都不可忽视，一荣俱荣、一损俱损的情况会经常发生。

3. 小组活动

没有小组活动就没有合作学习。小组活动应当有明确的活动目标、活动任务、活动分工、活动时间，以及详尽的、真实的活动反馈。

（三）合作学习的效益

合作学习有利于学习者维持健康的心理、形成积极的人际关系、发展批判性思维。

1. 有利于学习者维持健康的心理

合作学习能够维持人们健康的心理，从而提升幸福感、增强人体免疫力。良好有效的合作学习不仅可以使成员形成较强的自尊心，而且可以提高成员对所处情境和其他成员情绪的观察力与敏感度。自尊心、观察力和合作精神在相互联系的社会网络中，一直都是人们维持自身心理健康的重要因素。

2.有利于学习者形成积极的人际关系

人际关系与学习效果之间的关系是相辅相成的，存在效果良好的合作学习，就必然存在正面的、积极的人际关系；反过来，积极的、正面的人际关系也必然会使学习效果良好。为了获得理想的学习效果，小组成员必须努力做到以下几点：为使成员在未来做得更好，相互评价时，应积极反馈；为拉近彼此关系，有分歧时，各成员要能接受质疑，平等地、和气地沟通、讨论；被鼓励、被尊重能增强学习欲望，所以成员之间要相互激励；要减小心理防御，增强信任感，以便高效合作。

3.有利于学习者发展批判性思维

批判性思维的主要特点是分析性与开放性。合作学习中的讨论、互动等鼓励学生开放性地表达不同思路、不同观点，以便成员一起分析思考。有大量数据表明，相对于学习内容，正确的学习方法尤其是合作学习的小组讨论更能促进学习者发展批判性思维。

三、自主学习

目前知识更新的速度越来越快，为了不被社会淘汰，人们不得不开发自己的学习潜能，提高自己的学习能力，也越来越重视终身学习。要做到终身学习，独立自主的学习能力是不可或缺的。实际上，外语教学的目的就是培养学生自主学习的能力。

自主学习的本质：一是预想、规划、组织整个学习活动；二是控制、监视学习过程；三是在学习过程中自我评价、自我检查，然后根据各种反馈信息对学习活动进行适当调节。

（一）自主学习的理论基础

由于自主学习有稳固的理论基础（表2-10），国内外的教育专家大力提倡这种学习方法。

表 2-10　自主学习的理论基础

理论	简介
人本主义学习理论	人本主义学习理论是以人本主义心理学为基础，其代表人物是马斯洛和罗杰斯。人本主义学习理论认为学习不仅是认知的学习，而且是经验的学习；认知学习是无意义学习，经验学习是有意义学习；学习最终导致个体在智力、情感、态度、人格和行为等方面发生稳定的变化。总之，人本主义学习理论包括三点：学习是在无威胁的环境中进行的，教师应尽量给学生创设舒适轻松的环境；学习是自我管理、无教师指导的，即自己发现、自己理解并且自己评价；学习是个体的全身心的投入，重视知识和情感的作用
建构主义学习理论	建构主义学习理论认为，知识并不是对客观世界的绝对客观的反映，它只是人们对世界的看法和理解，是相对可信但不是永恒不变的真理，因此知识会随着社会文明的进步有所调整；学习是学习者在新信息的刺激下，对已有知识的重组和调整，以及对新知识形成有意义的解释和理解，从而建构新的知识结构
认知学习理论	现代认知学习理论包括加涅的信息加工说、奥苏贝尔的认知同化说以及布鲁纳的认知发现说。信息加工说指出，学习就是对知识进行编码加工的过程。认知同化说提出，已有的认知结构对于新知识的学习是一种充分条件，学习就是将新旧知识建立联系的同化过程。认知发现说主张学习每门学科的内在结构，并且这种学习需要经历获得、转化和评价三个阶段；它同时强调利用头脑中的已有经验主动学习新的结构性知识
社会语言学	20 世纪 60 年代，美国兴起社会语言学，它包括两个领域：社会领域和语言领域。海姆斯认为社会语言学的研究目标既有社会的又有语言的，它是探讨语言在社会范围中的广泛使用的理论。杨永林则认为，社会语言学包括语言结构和社会语境这两个研究问题，主要探讨语言和社会之间的关系，也就是将语言结构放到社会这个背景下去分析研究

（二）自主学习的特征

自主学习的特征主要有三个，见表 2-11。

表 2-11　自主学习的特征

特征	含义
自主监控	简单来讲，自主监控就是对整个学习过程的检查、调整和确认。这既包括监控自己听到的、看到的、理解到的知识信息，也包括对学习方法、计划、策略的监控。对学习方法和策略的监控就涉及方法、策略的选择是否恰当；对学习计划的监控是指监控计划的科学性以及时间分配的合理性

续表

特征	含义
自主计划	在学习之前发生的,为接下来的学习活动所做的准备工作就是自主计划。在这个阶段,学习者需要了解学习内容,选择学习策略。具体来讲,自主计划包括自我管理、集中注意、先行组织、选择注意。自我管理是创造条件促使学习任务的完成;集中注意是指始终将注意力集中在所要学习的资料上;先行组织就是在自己原有知识的基础上预习即将要学习的新资料,了解大意和相关概念;选择注意就是注意学习过程中的特定方面而忽视其他方面
自主评价	自主评价有利于学习者反思学习过程中遇到的问题,总结经验教训,以便对下一次的学习进行指导。发生在学习活动最后阶段的自主评价,是对自己学习任务的完成情况进行的分析、判断。它包括对计划和时间分配的合理性、知识信息的获得、策略的运用等进行评价

(三)自主学习能力的影响因素

自主学习能力的影响因素主要有如下五个方面。

1. 学习动机

学习动机越强,学生就越能进行高效的自主学习。由此可以看出,自主学习与学习动机是高度正相关的。学习动机具有隐蔽性,无法直接观察到(只能通过学习的外在表现如学习时间、学习态度等进行大致推断),是一种内在心理过程。学习动机分为:与成就感、倾向、爱好等有关的内部动机,以及与学习行为能否满足外在要求有联系的外部动机。不管怎样,学习动机都能为学生自主学习提供方向与动力。

2. 社会环境

自主学习的外在影响因素主要是同伴与教师,它们构成了影响自主学习的社会环境。

通常来说,个体与他人之间越团结友好,关系越亲近,氛围越轻松,就越有可能在互助的基础上,快速提高自主学习能力。

学生的自主学习会受到教师的指导方式、教学模式等的影响。一般来说,若教师所采用的教学模式以学生为中心,则能激发学生的主动性,快速提高其自主学习能力;若教师所采取的管理模式使自由的、民主的,也有助于提高其自主学习能力;若在学习过程中,教师能够适时、恰当地给学生技术上、心理上全方位的指导,而不是盲目地、处处时时地控制干预,学生的身心就会非常健康,学习的动力就会充足,非常有利于自主学习能力的提高。

3. 归因

归因是个体对自己成败的原因解释。把学业失败归因于内在稳定的因素,学生就非常有可能不再积极地进行自主学习;而归因于可控因素,学生就非常有可能积极寻求出路,积极进行自主学习。归因方式对自主学习有着不可忽略的影响。美国心理学家韦纳(Weiner)认为成败的原因有六种,分别是:能力、努力、任务难度、运气、身心状况、其主人或事的影响。他进而从三个维度对这六个因素进行了划分:内部与外部、稳定与不稳定、可控与不可控。其中,能力和任务难度是稳定的,努力是可控的。

4. 自我效能感

个体对圆满完成某目标的自信程度就是自我效能感。自我效能感从如下方面影响学生的自主学习能力:一是影响学生学习目标的制定。自我效能感与学习目标的选择是正相关的。二是影响学生选择学习策略。三是影响学生选择学习任务。四是影响学生对困难的耐受力。学生要想直接面对困难并坚持适应困难,就需要具备较强的自我效能感。

5. 学习策略

学习策略指的是学生为了实现学习目的,在教师的指导下,采用的特定的学习手段与学习规则。在学习过程中,良好的学习策略能够减少学生不知所措的感觉,降低学生学习的挫折感,使其保持高涨的学习热情,不断提高学习效率。英语学习策略模型见图2-1,表2-12则给出了"新课标"学习策略的内容。恰当的学习策略能够增大成功学习的概率,成功的次数越多,学生就越有可能发挥积极性,进行自主学习。一旦学生非常熟悉学习的手段与规则,就能得心应手地学习,在轻松、愉悦的氛围中,取得良好的学习效果。

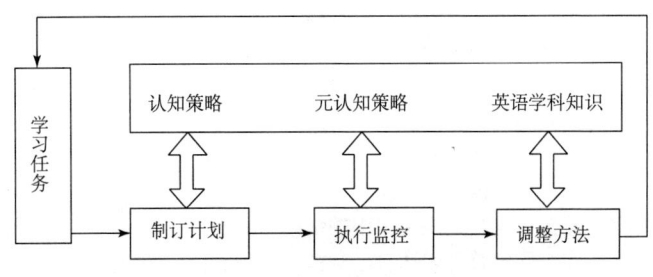

图2-1 英语学习策略模型

表 2-12　"新课标"学习策略的内容

策略类别	策略内容
认知策略	根据需要进行预习 在学习中集中注意力 在学习中积极思考 在学习中善于记要点 在学习中善于利用图画等非语言信息理解主题 对所学内容能主动复习并加以整理和归纳 注意发现语言的规律并能举一反三 在使用英语中，能意识到错误并进行适当的纠正 有效地借助母语知识理解英语 尝试阅读英语故事及其他英语课外读物 注意通过音像资料丰富自己的学习 使用简单工具书查找信息 注意观察生活中和媒体上使用的简单英语 遵循注意规律提高记忆效果 借助联想建立相关知识之间的联系 利用推理、归纳等逻辑手段分析和解决问题 听和读的过程中，借助情景和上下文猜测词义或推测段落大意
元认知策略	在学习中借助图表等非语言信息进行理解或表达 明确自己学习英语的目标和需要 制订英语学习计划 注意了解自己学习英语中的进步与不足 积极参与课外英语学习活动 主动拓宽英语学习渠道 善于创造和把握学习英语的机会 学习中遇到困难时知道如何获得帮助 与教师或同学交流学习英语的体会和经验 评价自己学习的效果，总结有效的学习方法
情感策略	有意识地培养英语学习兴趣 培养对英语和英语学习的积极态度 逐步树立学习英语的信心 在英语学习中努力克服害羞和焦虑心理 在学习中相互帮助 注意照顾他人的情绪 监控并调整英语学习中的情绪 在交际中善于表达自己的情感并理解他人的情感 在英语学习中乐于向同学提供帮助

续表

策略类别	策略内容
交际策略	在课内外学习活动中能够用英语与他人交流 善于抓住英语交际机会 在交际中把注意力集中在意思的表达上 在交际中，必要时借助手势、表情等进行交流 交际中遇到困难时，有效地寻求帮助 在交际中意识到中外交际习俗的差异 善于利用各种机会用英语进行真实的交际 在交际中善于克服语言障碍，维持交际 在课外活动中积极用英语与同学交流与沟通

（四）自主学习能力的培养方法

人们根据自主学习能力的影响因素，提出了培养自主学习能力的方法，具体见表 2-13。

表 2-13　自主学习能力的培养方法

培养方法	简介
增强学习动机	要想增强学习动机，一方面，学生在英语学习中要注意培养兴趣，并让自己尽可能多地体验英语学习带来的成就感；另一方面，当自己达成了学习目标之后，要给予一定的外在奖励作为鼓励，也就是给予正强化
优化社会环境	一方面，学生必须和同学建立良好的伙伴关系，以便在自主学习方面获得更多的社会支持；另一方面，教师要不断地制造让学生成功的机会并适当地给予正强化，以提升学生的自我效能感和学习动机。同时，教师要引导学生进行合理的归因，让学生拥有希望，可以通过劝说的方式去引导。教师还要向学生传授学习策略，因为学习策略也是自主学习能力的一种体现。另外，教师要创设自由轻松的氛围，并且投入自己的热情，提升人格魅力，让学生对自己心悦诚服，进而加强自主学习
正确归因	当学生将失败归因为不稳定、可控的因素，他就不会丧失希望，进而加强自主学习，不断提升自己；而当学生将成功归因为稳定的、可控的因素，他就认为是自己能力强并且努力到位，持续地尝试成功的欲望就不会消失，因而也会加强自主学习
提升自我效能感	在学习过程中，为了在不断地尝试成功当中提升自我效能感，形成学习成功—自我效能感提升—学习成功—自我效能感提升的良性循环，学生可以制定阶梯式的学习目标，先完成简单的目标以建立信心，然后再慢慢地增大任务难度，当然，这种难度是通过自己的努力可以达到的
训练学习策略	首先，教师应该亲自示范学习策略，并让学生对它的运用理解透彻；其次，教师要布置学习策略的操作案例，让学生课外练习巩固；再次，还要将学习策略进行班级性的讨论；再次，教师应该在课堂上选择合适的教学内容，然后将学习策略渗透其中；最后，让学生围绕该学习策略设计相关的课堂活动

第三章
英语教学方式的改革分析

想要真正掌握英语，词汇、语法、听力、口语、阅读、写作和翻译都是必不可少的条件，在英语教学方法的改革中，这几个环节都不容忽视。

第一节 英语词汇和语法教学改革

本节主要从词汇和语法方面讲述英语教学方法的改革。

一、英语词汇教学方法改革

（一）词汇呈现的方法

词汇呈现是词汇教学的首要环节，对英语教学的效果有着直接的影响。如何有效地呈现教材中的词汇，是广大教师在教学中时常遇到的难题。

1. 展示词义

使用实物教具、图片和演示是直接法的一种定义手段。很明显，如果要呈现一组实物词汇，如服装类词汇，可以用图片展示或者用实物演示代替翻译的方法。这种方法可以使用实物（称为实物教具）、图片或者手势。

直接法是相对于语法翻译法这样要求高度智慧的语言学习理论而发展起来的一种教学法，它拒绝使用翻译。例如，下面给教师的建议就选自一个流行于20世纪40年代的使用直接法的课程。

怎样教实物的名称？下面是一般步骤。

首先，教师选择一些实物，比如10～20个一组。这些实物可能是：

a. 通常可以在上课的地方找到的，如门、窗户、刀、火柴、书，或者身体的部位、衣服的款式。

b. 特别为上课而收集的，如棍子、石头、钉子、一段电线、一段线绳等。

c. 用图片表示的，如印制在图卡或者挂图上的，或者在黑板上画的草图。教师依次展示或者打印出每个实物，并说出它们的名字。他清晰（但又自然）地说出它们的名字3~4次。当学生们已经有足够的机会听到这些词汇和句子（并掌握了它们的意思）后，叫他们说出这些词汇和句子。最开始的时候，他们可以跟着教师重复……

这种方法也是一种被全身动作反应法的实践者倡导的技巧。利用上课时教室的即时环境和能够带到教室中的物品，目的是要模仿学习母语的经历。一个应用全身动作反应法的课堂通常包括教师示范动作，运用实物，然后让学习者按照指令做相同或类似的动作。典型的课堂指令有：

Point to the apple.

Put the banana next to the apple. Give the apple to Natasha.

Offer the banana to Maxim.etc.

视觉的辅助教具可以有多种形式：大卡片、挂图、可以通过投影仪投射在白板或墙上的幻灯片和黑板上的画。许多教师从杂志、日历等处搜集自己的大卡片集。下列词汇类别的图片特别有用：食物和饮料、服装、房屋的内部和家具、景观和外景、交通工具，外加大量人物图片，人物图片可以进一步按照职业、国籍、运动、活动和外表进行细分。这些图片不仅可以用来教生词，还可以用来练习词汇。

如果运用一些基本的记忆原则，包括分段练习的原则，还可以进一步提升图片或实物在词汇教学中的作用。例如，教一组服装类词汇（10个），要不断回顾前面已经学过的词汇，而且最好以不同的顺序进行回顾，如下所示。

呈现 shirt 呈现 jacket 呈现 trousers 复习 shirt 复习 trousers 呈现 dress 复习 jacket 呈现 sweater 复习 dress 复习 shirt 呈现 socks.etc.

学习者按照自己的节奏学习是另一项有效的记忆原则。这样，他们可以构建自己的关联，思考个性化的、符合词汇难度的记忆策略。这些对独自学习或小组学习比较容易实现。但是在教师引导的词汇呈现过程中，留出适当的停顿，学生就有时间赶上来，并进行回顾。

这里列举了一些使用大卡片的教学活动。

①教师每次出示一张卡片，引导学生说出或者自己说出卡片代表的词汇。教

师不时地从头展示这些词汇，改变顺序。最后，将所有卡片粘贴到黑板上，在卡片旁边写出这些词汇。

②将一组图卡（例如服装）粘贴到黑板上，标出序号。让学习者就他们不熟悉的词汇向你提问。例如：What's Number 7？在你给出答案前，看看其他学习者是否知道答案。当学生充分熟悉了所有词汇后，用 What's Number 9？等问题提问所有的词汇。翻转卡片，每次翻一张，让学生看不到图画，检查学生是否记住了，可以再问 What's Number 9？最后，在黑板上每个卡片旁写出词汇。

③将一组卡片粘贴在黑板上，允许学习者使用双语词典查出它们代表的词汇。然后，他们可以将词汇写到图片旁边。

④学生组成两人或三人小组，给每个小组发放一组卡片。他们可以使用双语词典查出每个图片表示的词汇。然后，每组的代表可以使用视觉辅助物教班里其他学习者他们查到的词汇。

⑤向全班展示一张包括多种物品的挂图或者大画（例如街景图或者机场的画面），但是只展示很短的时间，例如10秒钟。学生独自或两人一组用英语尽可能多地写出他们看到的画面中的事物的名称。学习者可以使用词典。再次展示图片几秒钟，让学习者扩展他们的词汇列表。最后，展示图片进行检查：写出最多正确词汇的个人或小组获胜。

2. 解释词义

借助实物教具、图片和演示进行学习的词汇是有限的，而借助于语言，用其他词汇解释新词，这就是词典的原则。

用语言而不是图像弄清词义的方式包括：提供一个示例的情境；给几个例句；给出同义词、反义词或上位词；给出完整的定义。上面几种方式可以结合起来使用，也可与在黑板上画画或者用动作演示这类视觉方法结合起来使用。尽管用语言解释可能比翻译、图示或者动作演示的方法稍显耗时，但是它的优势在于学习者能够获得额外的、免费练习听力的机会，同时，由于在理解一个词的意思时，要付出的努力稍多一些，学习者可能会在认知上更投入些。显然，当用一些词去解释其他词汇时，那些用来解释的词一定要符合学习者目前的词汇范围。

3. 强调形式

词汇的发音和词义决定了它们在心理词库中存储的方式，发音相似的词容易产生混淆（例如，将 trampolines 记成 tambourines，将 kitchen 记成 chicken 就可以说明这一点）。因此，不难发现，强调一个词的口头形式对于确保能够恰当地记忆这个词有重要意义。这也就反过来说明，要让学习者注意词汇的发音。词汇最初是按照它们的全音节结构和重音来记忆和回忆的。由于 tambourine 和 trampoline 的外形相似，而只有一些单音不同，因此容易弄混。这说明，强调词汇的重音和外形有助于保持记忆中的词汇。

教师也可以让全班同学发现重音节。"Where's the stress？"就是一个很好的提问问题，可以让学生熟悉这种提问。一种介绍重音概念的方法——例如，在第一节课上——是让学生说说自己的名字中有多少个音节，哪个音节是重音节。（当然，如果名字只有一个音节，那个音节就是重音节。）在练习一重复这种方法中，学习者要习惯重复新词汇（无论是全班一起的，还是独自的），就像听说法那样。近来，对新学语言（特别是语法结构）进行简单重复的价值受到了质疑。有些人认为，要求"动口"会分散"动脑"的认知过程中的注意力。如果有任何事干扰或者打断发音环路，我们都会快速地忘记那些词汇。这就表明，在学习者听到一个新词汇和说出这个新词汇之间留出两三秒的"处理"时间，可能会有益于延长词汇在记忆中保持的时间。鼓励默读的方式之一是一种被称为"咕哝练习"的方法。在教师的指导下，学习者咕哝或者小声说出词汇。他们可以按照自己的节奏，只念给自己听就可以。有证据表明，默读是成功的学习者自然运用的技巧。因此，它或许也适合课堂练习。

有很多强调词汇口语形式的方式，基本的方式有听力练习、口头练习和板书。在了解了新词汇的词义后，教师可以用听力练习对它进行示范。练习是对任何短小的语块的重复。在这里，就是指由教师进行重复，以使学习者熟悉词汇的语音特点。通常，这需要清晰而自然地念出单词（或多个词汇），而且在开始前，还常常给出像"Listen..."这样的提示语。这个过程要重复 2~3 次。为了吸引学习者注意音节结构和重音，还可以在示范的过程中使用一些视觉刺激,如用一只手的手指代表不同的音节。然而,拖延输出的时间可能会令学习者沮丧,他们的直觉常常是自己试着重复一个词。对于词形来说,学习者感觉最好的就是能够将它说出来,即便教师的目的只是为了能够识别词汇。因此,让学习者先默读词汇,再以全体朗读或独自朗读的形式读出新词,可能比较合适。

用音标符号还会避免潜在的发音—拼写错误匹配的负面效应。当然,这是基于学习者熟悉音标的前提。如果他们对音标不熟悉,他们可能会被额外的学习任务吓到,特别是如果他们还正在熟悉罗马字母的阶段(有的学习者的母语可能是另外一种字母)。而另一方面,音标不难理解,特别是读起来并不难(与书写音标相反)。多数辅音都是容易辨读的,因此,学习音标的主要任务是了解许多的英语元音是怎样发挥作用的——如果需要的话,这可以通过若干课时来实现。所有好的学习词典都使用标准音标,这意味着运用词典来完成关注语音的活动可以进一步强化音标的学习和使用。

学习者需要见到一个新词汇的频率应该是多少次呢?传统上,人们认为过于频繁地接触书写形式会打乱正确的发音习惯。这一点对于英语来说尤为突出(这种观点是有争议的),发音—拼写的匹配是完全不可靠的。能够完全正确地说出 cupboard、suit 和 island 这几个词的学习者,如果只是听过这几个词的发音,在见到这几个词的书写形式后,反而常常将它们发音为"cup-board"、"sweet"和"is-land"。基于这些原因,过去常常是在学习者充分熟悉了词汇发音形式之后才呈现其书写形式。但是,与之相反的观点却认为,由于学习者最终会见到书写形式,因此直接处理发音—拼写的错误匹配问题比延后解决会更好些。毕竟,学习者在第一次听到新词汇的时候,就可能形成这些词汇的拼写形式的心理表征。因此,这种心理表征最好是准确的。而且,英语中的发音—拼写不匹配的特例总是被夸大。的确,有一些拼写(例如 -ough 一类的拼写是人们最常提到的)是特别难把握的,但是绝大多数英语词汇还是符合相当小的一系列规则的。抛开这个问题的话,先不呈现拼写形式,还会剥夺学习者自己观察这些规则的机会。因此,在听到一个新词汇后,马上让学习者试着拼写它或许是一种有用的策略。(或者,如果先见到词汇的书写形式,让学习者试着发音。）如果他们这么做有困难的话，教师可以提示他们，让他们回忆已经学过的发音相似或拼写相似的词汇。

相对于口头形式，从书写形式中更容易发现词汇词义的关键线索。在口语中，容易产生语音的连音，或者甚至是完全吞音，即便仔细地读像 handbag 这样的词，也会发得像 hambag 的音，而 police station 的音会发为 pleestation。缺少了关键的语形信息（就像 hand- 和 police），学习者就无法建立新词与任何知识之间的联系，或者无法将它"归类"，因此就会觉得它不好理解，不容易记忆。所以，学习这个词就要花费更多的精力。一旦学生见到他们努力要弄明白的词的书写形式，许多有经验的教师都会发现学生由于认出了这个词而在脸上表现出惊讶的表情。不让学生见到书写形式结果可能会适得其反。

（二）英语词汇教学实践

1. 新知识的融入

新知识（也就是新词汇）需要融入已有的知识，即学习者已有的词汇关联网络。也正如我们讨论记忆时谈到的那样，如果就新词汇做很多深入的决策，这个词就更容易融入这个网络。按照传统，呈现了新的语言项目之后，要马上对它们加以练习。通常，这样的练习是以某种口头重复的形式展开的，例如操练。这种机械练习背后的理念是人们公认的信念——"熟能生巧"。但是，仅仅重复新学的词汇并不能保证这些词能从短时记忆转移到永久记忆中去。词汇需要存储于工作记忆中，并进行不同的运用。这些运用包括：将词汇摘取出来，再还原回去，词汇比较，词汇组合，词汇匹配，词汇分类，以可视形式呈现词汇再打乱顺序，以及反复归类和回忆（因为词汇回忆的频率越高，回忆就越容易）。

2. 做决策的任务

教师可以使用多种不同形式的任务帮助学习者将词汇转到长时记忆中。其中，有些活动比其他活动更需要动脑筋。也就是说，这些活动在认知水平上要求更高。对于一组词来说，能应用的任务种类越多越好。学习者就词汇做决策的任务可以分为以下几种类型。按照认知水平要求由低到高，大致可以排列为：辨识，筛选，匹配，分类，分级和排序。换句话说，在辨识类任务后，可以进行匹配任务，接下来是分级任务。

筛选任务在认知水平上比辨识任务复杂，因为这类活动不仅包括识别词汇，还包括在词汇中做出选择。像下面"选出不同的一个"这类活动（仍以衣物类词汇为基础）就是筛选类任务。选出每组中不同的一个：

（1）trousers socks jeans T-shirt

（2）blouse skirt tie dress

（3）T-shirt suit shorts trainers

etc.

这类活动不是必须有正确答案，重要的是，无论学习者怎样回答，只要他们能够说明选择的理由就可以。这里，重要的是认知的过程，而不是正确的答案。

3. 输出性任务

做决策的任务从原则上讲是接受性的：学习者就词汇做出判断，但没有进行词汇的输出。输出性的任务是从要求学习者将新学的词汇运用到某种口语或者写作的活动中开始的。当然，可以进一步让学生谈论他们的决定，将这个任务简单地转变为输出性任务。

这类活动可以分为两种主要类型：补全型——补全句子或语篇，创造型——造句或写语篇。补全句子或者语篇的任务是指那些常被称为填空的任务，通常是写作任务。由于这种活动容易设计、好评分，它们常被用于测试中。这类任务有多种形式，但基本可以分为开放式填空和封闭式填空。开放式填空需要学习者调动他们的心理词库来补全空白。（尽管可能会给出线索，例如单词的首字母。）而封闭式填空中的词汇是给出的，例如在练习之前给出要填词汇的列表。学习者要做的只是决定哪个空该填哪个词。

二、英语语法教学方法改革

（一）英语语法教学模式

语法教学模式有很多种，本节从演绎教学法、归纳教学法以及任务教学法进行讲述（表3-1）。

表 3-1　语法教学模式

模式	内容
演绎法	演绎教学法是从一般到特殊的过程。首先向学生介绍和讲解抽象的语法规则，产生初步的认识，然后借助范例进一步对这些规则进行详细说明，最后按照语法规则套用练习 演绎教学法要求学生具有一定的思考、分析和比较的能力。例如，教师将一个含有助动词的问句写在黑板上，或引导学生注意课文上提供的范例，然后详细解释句中所包含的语法规则，包括结构形式和位置变化等。此时教师很有可能用汉语讲解，并与汉语中的类似结构进行对比，或者将新学到的英语语法结构与以前学到的结构加以对比。最后，让学生根据一些提示信息，尝试运用学到的语法规则进行语言表达
归纳法	归纳教学法是从个体到一般，让学生先接触一些含有要学习的语法规则的语言材料，以对所学内容有初步的印象。然后，教师引导学生对该语法规则进行观察，并针对其特征进行抽象概括和归纳，然后再进行大量的练习。归纳教学法倾向于发现性学习活动。例如，教师向学生提供语法规则的材料，通过听或读的方式，引导学生归纳总结出语法的使用规则。 归纳教学法强调，只要为学生提供足够的含有要学习的语法规则的语言材料，学生就能够自动掌握语法规则，教师无须讲解。如果再辅以具体的实物、图片、动作、表情、影像等直观手段，创建一个包含运用语法规则的具体情境，学生更容易建立语法规则与语言情境之间的直接联系，也就更容易理解语言规则所表达的意义，同时也能激发其求知欲。例如： 教师为了演示 this is，these are 这两种语言结构的用法，可以指着一本书或图片说：This is a book. This is a picture. 然后，指着一摞书或多幅图片说：These are books. These are pictures. 然后可以借助教室内的其他物品举出类似的例子
任务法	语法教学过程实施的任务教学具有以语言形式为中心的特点。这类活动可分为两种，一种是具有隐性特点的语法活动。例如，教形容词、副词比较级时，先向学生提供表 2-9，然后让学生与同桌讨论一些食品和烟酒的价格、味道、重要性等，并鼓励学生说出自己的真实意见，进行语言输出 另外一种以形式为中心的语法学习任务具有显性特点。例如，教师将写有正确与错误两类句子的卡片发给学生，引导学生阅读、讨论，选出符合语法规范的正确形式，最后总结包含该语法点的语法规则

（二）英语语法教学技巧

英语语法教学技巧如下表（表 3-2）所示。

表 3-2　语法教学技巧

方法	具体实施
迷你情景	"迷你情景"是一种展示手段,可以用图片、音像制品等展示,教学步骤如下: 1. 根据要展示的语法内容选择适当的图片或录像; 2. 就图片或录像提问以展示新的语言内容,也可设计表格组织学生填写; 3. 根据图片所示讲解所展示内容的用法; 4. 学生模拟情景练习。 如在展示 have something done 这一结构时可利用下面的图片,然后根据图片进行问答 
图片案例	图片案例是通过图片构成的故事展示语法项目的一种方式,比如在展示过去进行时的时候可借助下列图片故事: 具体可参照下列教学步骤: 1. 教师将学生导入情景,如: T: Morning, boys and girls. Today, we are going to learn about a murder. The murder happened at 8'clock last night. Here is the details of the story. 2. 展示图片; 3. 组织学生进行小组活动调查案例,活动开始之前教师应将活动任务交代清楚,比如: T: Now suppose you were the detective. Interview your classmates about what those people in the flat were doing when the murder happened last night. Write down what your interviewees say and report to the class. 4. 学生汇报调查情况; 5. 教师总结学生活动,发动学生归纳过去进行时的用法。

续表

方法	具体实施
野餐	野餐可用来练习 be going to 的用法或用来练习所学习的物质名词等，是一种交际性语法练习活动。具体操作如下： 1. 将学生分成四到六人的小组； 2. 交代活动的内容和要求，如：This weekend, we are going out for a picnic. Now please decide what to take. Make a list of the things your group are going to take and report when you have finished your talking five minutes later. 3. 学生分组讨论； 4. 各小组汇报讨论情况。
旅游	这种交际性活动，可以使学生通过旅游模拟练习掌握特定的语法，比如"疑问词+不定式"的用法。下列步骤可供参考： 1. 将学生分成偶数的小组数个； 2. 将小组分成两部分，一部分为游客，一部分为土著居民； 3. 游客将要在一个小岛上旅游，但对该岛十分陌生，因此他们列出自己想问的问题，如： We would need to find out... ...how to get to the capital. ...where to stay. 4. 扮演土著居民的小组同学要想象游客们可能遇到的一些问题，提前准备好如何为游客提供帮助； 5. 游客组和土著居民组合并进行旅游咨询。
虚拟情景	在语法的课堂教学中，教师可以利用"虚拟未来"来设计活动，训练虚拟语气的用法。该活动可采用小组或全班活动的方式。比如小组活动： 1. 将学生分成四到六人的小组； 2. 拟定话题，如：If I were you, ... / If I were a manager... 等； 3. 学生于小组内交换自己对这种虚拟未来的假设，并将各个同学的畅想进行归纳总结； 4. 各小组面向全班介绍自己小组同学的"虚拟情景"。
猜测模仿	该活动通过对动作的描述练习现在进行时，可采用下列操作方式： 1. 根据课堂所学习的动词设计动作卡片； 2. 叫一名同学到讲台前表演出提示的动作； 3. 其他同学用完整的句子对该动作进行描述，如： You are opening a tin. You are having a banana. 或采用猜测的方式： Are you drinking beer? Are you watching a comedy on TV! 注意：该活动也可以以小组活动的方式进行。应尽可能减少表演的时间，增加学生猜测的时间。

续表

方法	具体实施
猜测模仿	类似的猜测活动还有根据声音猜测动作，根据侧影轮廓猜测等。如下面就是用于侧影轮廓猜测的部分材料：  具体教学中教师可根据学生的具体情况以及语法内容设计自己的猜谜游戏。
原因探究	原因探究要求学生在解释时必须使用某句型，不控制学生的想象力，学生可以充分发挥自己的想象力，做各种各样的解释。比如用 something prevent somebody from doing something 的句型解释一种现象。具体操作如下： 1. 教师提前设计多种解释的情景； 2. 交代活动任务，要求学生必须使用 something prevent somebody from doing something 的句型进行解释； 3. 教师提示各种情况； 4. 学生根据自己的想象给予恰当的解释，如： T：Tom was absent from school yesterday. S1：Illness prevented him from coming to school yesterday. S2：Laziness prevented him from coming to school yesterday. S3：His uncle's visit prevented him from coming to school yesterday. 该活动如用来训练 because，学生的回答会更灵活一点。
爱好选择	"爱好选择"是一种个性化练习，要求学生根据自己的真实情况做出喜恶选择。如： which do you prefer, eating at home or dining out? travelling by bus or by plane? writing letters or telephoning? living in the center of the city or living in the suburb? 该活动还可用于比较级和最高级的教学之中，组织学生将自己手中的真实物品进行比较，将自己的工作、爱好等各方面进行比较。该活动可采用全班活动的、两人或小组活动等方式

第二节 英语听力和口语教学改革

本节主要从听力和口语方面讲述英语教学方法的改革。

一、英语听力教学方法改革

听力教学方法指导听力教学实践,对于听力教学的改革需要对其方法进行改革与提高。

(一)英语听前教学的改革与创新实践

1. 学生听前需要了解的信息

在听之前,我们知道了解要听的段落的信息是有用的,除此之外,还有一些信息是有用的。一个是说话者的声音和说话的方式。这包括调高(高或低的声音)、口音、音量和音乐家所说的音质(类似于音色的东西)。讲话风格也有很大不同:有的人爱打比喻,有的人使用短句子,句子里多用单音节词汇;还有人可能使用在复杂性和句法上都类似书面语的演讲,比如大学教授讲课,或电视新闻节目里政论家的时评。所有这些信息都能让听的人去预测说话人要说什么和怎样说。听前学生需要了解的信息和获知信息的渠道见表3-3。

表3-3 听前学生需要了解的信息和获知信息的渠道

听前学生需要了解的信息	学生获知信息的渠道
说话人的声音/说话方式	使用"试音"(短的"试音",能让听的人熟悉声音)
文本的长度	(由教师)明确指出
目标听众及听众的职责(参与、批评、欣赏等)	由教师/材料暗示或明说
听者和说者之间的关系(友好的、上下级的等)	由教师/材料暗示或明说
文本的功能(娱乐、传达等)	暗示
有关话题的信息	集思广益、讨论、预读、研究项目
专业词汇	预教、预读
他们需要做什么	写在教材里或者由教师布置(并通过问学生问题进行核实)

2. 英语教师的职责

导游:教师要能够指出有趣的地方(那段口头语法、这句俚语、学生母语里也有的比喻),并忽略所有无趣的地方。并且,就像优秀的导游那样,他们应该确保在继续往前走之前没有人掉队。

裁缝：听力文本要"适合"班上的学生，就像西装和礼服一定要和穿衣人相匹配一样。话题、水平和语域等都要恰当。

侦探：上课前，教师要能够像侦探分析案情一样分析录音里的语言。他要问这样的一些问题：学生明白这个习语吗？他们能应付这里的各种动词时态吗？他们能够解读这个段落里所有的缩写形式吗？他们需要解读吗？他们听得懂这个笑话吗？

消防队员：如果一切都弄糟了，听力材料太难了，教师就需要把所有人带出困境，就像消防队员要把人们带到安全的地方那样。

密探：在学生听的时候，教师应该观察学生的手和脸。学生是在写答案吗？他们看上去很困惑吗？谁听懂了在点头？为什么有个学生翻看的是错误的一页？

工程师：在使用录音材料时，教师不仅需要具备使录音设备工作的知识，而且更重要的是，要具备能应付有时设备不工作的能力。

医生：教师需要成为诊断专家。出什么错了？为什么？是因为速度的问题、词汇的问题、口音的问题、话题的问题，还是因为今天是星期五、暖气太热的问题？

单口喜剧演员或者讲故事的人：教师常常是最好的输入来源。能"抓住"听众的教师具有一种宝贵的才能（即确保你在听众停止听之前，闭上嘴巴）。

（二）英语听力教学的改革与创新实践

1. 听大意

在课堂上，学生们通常听第一遍听力材料时，只是听大意，即听出主要意思。在开始讨论录音材料的主题、分析语言、研究其发音特点等活动前，学生需要理解说话者整体的交际意图，这就构成了接下来要分析文本的语境和工作的基础。

2. 听细节

如果我们要求学生在听第一遍时要听大意的话，那么通常会要求他们在听第二遍时要听细节或听具体的信息。近几年，心理学家发现，人们将注意力放在细节上，就会忽略其他信息。

提取需要的信息的技能，要求学生具备忽略听到的大多数东西，而只专注于与自己相关的信息的能力。训练这种能力的方法主要有以下几个。

（1）时间、日期和数字

许多听力材料里有很多时间、日期和数字。我们可以让学生把它们记下来，还可以记下它们所代表的意思。这个练习在真实生活中的应用就是记电话号码或地址。

（2）讲两遍故事

这个活动是要学生听出他们已经遇到过的内容所发生的变化。在这里，是一个故事。教师把这个故事讲两遍。第二遍有一些细节发生了变化。学生的任务是记下所有听到的变化或者做一些手势或动作（举手、拍手或起立）来表示他们听到的变化。

（3）宾戈游戏

这个活动非常适合于选择性听，尽管它实际上是阻碍了学生听整体的意思。就这一点而言，只能在听完第一遍，掌握了大意之后才能做这个活动。教师在黑板上写一串听力材料里出现的单词。这些单词都必须是实词——名词和有些合适的动词。学生各自从中选择并写下七个单词（或无论多少个，只要是教师感觉合适的就行）。然后，他们听听力材料。只要选的单词在听力材料中出现了，他们就要给它打钩。当钩掉所有的七个单词后，他们就大喊 Bingo。

（4）混合重点

学生听相同的听力材料，但重点放在不同的信息上；或者是"收听"不同的说话者。例如，如果录音是两个人在就某事发表意见，听者1听说话者A的观点，听者2听说话者B的观点。这个活动还可以有很多个变种，这取决于所使用的材料。例如，对高水平的学生，可以让一组人听习语，而另一组人听形容词。

（5）看出不同之处

学生看一张图片，并听对这张图片的描述。口头描述包含了一些与图片不同的地方。学生要听出这些不同之处，并在图片上标出来。

3. 推断

推断与图式理论有紧密的关系，因为它要求在我们的大脑里呈现出一个情况会如何发展的"模式"。推断是我们对话外意思进行推理的一种思维技能，它完全是对我们所认识的环境进行类比。

我们不会在每次听的时候都情不自禁地要进行推断，只有在特定的时候，才会进行较高层次的推断。这要求情景必须有一个推断的结果,要么是隐藏的没有说的话,要么是情景背后隐藏的事实。换句话说,有一个需要听者填补的"空白"。叙述中的空白是在阅读理论里得到了重视,阅读理论声称这些空白迫使读者要去想象或帮助生成文本。事实上,这种文本的"合作生成"的确是我们喜欢阅读的缘由之一。但是空白的情况不只在阅读上有,在听力上也是存在的。教学过程中,教师要注意,问学生的问题是如何超越书页/录音的范围的(要求学生一边听,一边读)。

可以使用暂停与预测的方法练习推断。这个活动的一个优点是随着文本的逐渐展开,对有关它的故事情节、口吻、主题、风格和语域,听者的猜测会越来越准确。这个活动主要是制造文本的空白,而听的人要填补这个空白。教师不时地暂停录音或叙述,问学生他们接下来会发生什么,为什么。

4. 做笔记

做笔记有日常和学术两种用途。在日常生活中,我们可以在打电话或开会时做笔记,与配偶或同伴交谈时写购物清单,随便写一下我们要做的事情,或者在信封背面记下某些临时的想法。当然,写这种形式的笔记与其他用途(譬如大学里使用的这种技能),是有很大区别的。后者的语域一般都更正式,输入的时间也更长,并且图式也更具体,这是因为话题是一个学术科目,所以一般都要求听者与说话者具有一定的专业性。

做笔记迫使学生挑出谈话或演讲中的重点,可以将其注意力提升到一个更高的层次。对许多学生来说,尤其是那些大学里的学生,做笔记是一项重要的生活技能,因为它可以把信息记录下来留作以后用。

(三)英语听力教学的改革与创新实践

1. 讨论

任何不具有单纯功能本质的(即不是买一张票、去银行、订餐等)扩展听力材料都必须要有趣,足以引发评论、辩论或集中起来的讨论,以及澄清学生在听前谈论过的东西。包含有冲突、争议领域或挑战话题的文本自然适合讨论。当然,对兴趣的理解完全是主观的,但好的教师知道学生对什么感兴趣,他们能够迎合学生的口味。有很多好的听力材料,学生觉得想听是因为他们看见自己的想法和情景在输入中得到了反映，听到的观点证实或挑战了自己的观点，这不可避免地导致了个人的回应。不仅仅题目可能引起反应，还有一些方法可凭借所用的材料或组织学生来创造出听后讨论的条件。

在过去的几十年里，把学生的个人经历、观点、故事等作为教学资源的观念，是语言教学中出现的最有影响力的观念之一。在我们讨论创造性回应的时候，把学生作为资源也是同样至关重要的。讨论可以给学生和教师向全班同学提供个性化和表达自己（有关背景和生活经历）的众多机会。

组织讨论的方法有很多，包括排序、排名、分级、说出某事是真还是假，以及说你同意的程度是多少。我们使用的方法应该反映输入的内容。如果听力材料说的是发明，那接下来的讨论就应该在某种程度上与发明的排名有关。如果一个听力材料里有偏激的观点，如城市生活的好处，那么自然会引发一个"同意或反对"的讨论，以及诸如此类的东西。

2. 总结

好的总结有三点好处：其一，总结是将重点放在重要的东西上——大意，但也要允许学生用他们记得的东西自由和详尽地阐述和添加细节。我们时常发现，在总结的时候，学生乐于回忆滑稽或有趣的细节，尤其是他们学到的特别的表达方式。其二，让学生总结意味着他们是在利用通过听力所获得的信息。这样的活动能体现出我们在教室外大多数的听力活动中所发生的情况。其三，它重点关注的是学生取得了什么样的成功。几乎可以肯定地说，一定有他们没听清楚或没听懂的地方，但是从他们所取得的成功入手，我们着手的是他们的长处，而不是短处。

3. 解决问题

教师提出一个问题，然后让学生使用听力材料来解决这个问题。如果学生已经"上百次"地琢磨过一个问题，他们无疑会有动力要更仔细地听，并与同学一起找到解决问题的方法。可以与听力材料搭配使用的解决问题的任务类型为列清单、分类、排名、根据标准排序、解决道德困境等。

4. 重构听力文本

教师可以提供文本的片段、破损的文本或者文本的缩写形式，要求学生重构文本。要重构文本，学生就要处理语言的诸多成分：语法、词汇以及口语的语篇特点。

二、英语口语教学方法改革

说到口语教学，人们自然就会想到交际教学模式、任务型教学模式，而教学过程方面自然会想到 presentation，practice，production 的教学程序。就口语教学而言，功能的展示、训练、应用是不可缺少的环节。因此，口语功能掌握目的还是为了交际。

（一）口语的功能

功能（function）即做事，也就是人们运用语言的行为和目标。英语课程标准提出了11项功能，其中社会交往方面列举20项功能，见表3-4。

表 3-4　英语课程标准中社会交往功能列表

类别	功能	例证
社会交往	问候	Hi, how are you doing?
	介绍	May I introduce...?
	告别	I am afraid I must be leaving now.
	感谢	It is kind of you to...
	道歉	I am sorry to interrupt you.
情感	高兴	That's lovely.
	惊奇	Really?
	忧虑	Anything wrong?
	安慰	It's all right.
	满意	Well done!
	遗憾	What a shame!
	同情	I am sorry to hear...
	恐惧	You scared file!
	愤怒	Damn!
时间	时刻	Excuse me. What's the time, please?
	时段	How long have you been...?
	频度	How often do you...?
	时序	What did you do then?

续表

类别	功能	例证
空间存在	位置	Where is...?
	方向	Which is the way to...?
	距离	How far is...?
	存在	There is...
	不存在	There isn't...
特征	形状	What does it look like?
	颜色	What color is...?
	材料	What is the table made of?
	价格	How much is...?
	规格	What size...?
	年龄	How old...?
计量	长度	How long...?
	宽度	How wide...?
	高度	How tall...?
	数量	How much...?
比例	同级比较	as...as...
	差别比较	...than...
	相似和差别	the same as...
逻辑关系	原因和结果	Why...?
	目的	Why...?
职业	工作	What's your job?
	单位	Where do you work?

从表 3-4 可以看出，英语课程标准采纳的是一种比较宽泛的功能理念，把意念（notion）与功能合二为一，其一级和二级标示也未能区分功能和意念。其实，其中很多都属于询问信息和提供信息的功能范围，不管是询问时间、地点、职业还是年龄，不管是比较还是计量都不过是所咨询的信息内容而已。我们可以把这些归为一种功能，即询问信息、咨询信息、提供信息等。其实口语交际不只是问候、邀请、致谢，同时还有信息的表达、信息的转述、观点态度的理解等。

语言本身具有交际功能，这与语言本身包含言内行为和言外行为有关。不同的语言形式承载着不同的交际功能，如委婉语就具有礼仪功能、"避讳"功能、鼓励功能、礼貌功能和掩饰功能。

在社交场合，委婉语可以避免尴尬和唐突情况的发生，可以用来掩饰说话人不愿直说的事，使交谈顺利进行；表达意见、建议、批评时，委婉语可以帮助避免对方产生逆反心理。为了不给不幸者造成更大的伤害，减轻负面暗示，甚至化消极为积极，我们可以使用委婉语来帮助与不幸者的正常交际。

在口语教学中我们要帮助学习者理解语言的字面含义和交际功能。我们不仅要让学习者掌握语言的交际功能，同时还要注意语言交际中副语言的影响。

（二）口语功能展示的内容

既然是功能的展示，人们可能会想当然地认为展示的内容就是功能，通过功能展示让学习者了解语言的交际功能、副语言的交际功能，等等。就口语教学而言，功能的确应该是呈现的内容，但却不是唯一的内容。更为重要的是，口语教学应帮助学习者掌握如何实施某种功能从而完成有效的交际。因此，功能的展示内容应该包括以下几个方面。

1. 功能

功能指某项交际任务所包含的作用，如邀请、道歉、责备、鼓励、赞扬等。但是，我们应该注意，像"打电话"之类的行为不属于功能，打电话可以是交际任务，可以被列为话题的范畴，但是不属于功能范畴。高兴、惊奇等情感，时间、空间、存在等意念自然也不是功能，表达情感、表达存在等可以算作功能。但是，表达情感的目的是什么，目的才是其功能的体现。情感表达所起的作用不同，功能也就不同。例如，表达同情可能是为了安慰某人，也可能是为了欺骗、伪装，还可能是为了引起别人注意。那么，其功能就可以说是"安慰、欺骗、伪装、引起注意"。

2. 功能的表达方式

每项功能都有多种表达方式，例如，当我们提建议时可以用：

Let's…

What do you think of…?

How about…?

Why don't you…?

Why not…?

类似的表达方式，也可以用虚拟语气：

If I were you, I would...

同样可以用条件句：

If you..., you will...

3. 文化

不同的文化中功能实施的方式不同，会话原则也不同。中国人面对他人的赞扬总是表现得十分谦虚，而西方人则表示欣然接受。

4. 交际策略

交际策略是交际能力的组成部分，自然也是口语教学的内容之一。一般情况下，我们把交际策略等同于回避、易码、解释、翻译等。其实，交际策略包括交际中的启轮、持轮、转轮、转换话题、结束会话等所需要的技巧。只有掌握这些技巧才能顺利交际，为此交际策略应该是展示的内容之一。

5. 合作原则

交际必须遵循交际的原则，而有时人们没有完全遵循交际的原则，因而造成会话含义的误解。要做到有效交际，既要遵循合作原则（cooperative principles），同时还必须理解会话含义。

合作原则要求交际中有四项原则必须遵循，即数量原则、质量原则、关系原则和方式原则。数量原则指交际时必须提供交谈所要求那样充分的信息；质量原则指说的话要真实，不能说虚假或缺乏证据的话；关系原则指说的话与谈论的内容要有关联；方式原则指说话要清晰，避免含混不清，避免歧义，避免冗长，谈话必须有序。

交际中从表层信息看说话者可能没有遵循合作原则，如：

A：Where is Jack?

B：He has gone to Shanghai on business. He told me so at the party last weekend.

很显然没有提供确切的信息，但是，在交际中我们应该按照 B 遵循合作原则，也就是 B 确实提供了足够的信息。那么，为什么 B 提供了足够的信息还不能满足"Where is Jack?"量的要求呢，那么我们就可以推断其中的含义，也就可以得出 B 本来就不是太明确 Jack 目前的确切位置，这是他所知道的所有的与之相关的信息。

第三节　英语阅读和写作教学改革

本节主要从阅读和写作方面讲述英语教学方法的改革。

一、英语阅读教学方法改革

阅读是人们获取信息的重要手段，更是学习英语的主要任务之一。本节在讨论流畅阅读理论的基础上，探讨阅读教学的原则和培养阅读能力的各种手段。

（一）阅读策略训练

阅读策略教学能够培养学习者的策略意识，帮助学习者养成良好的阅读习惯。阅读策略训练一般要经过展示、训练和应用三个阶段，常见的活动见表3-5。

表3-5　常见的阅读策略培养活动

策略	活动
生词处理	给学习者提供与课文中的生词所处同样的语境，让学习者运用所展示的技巧
文本阅读	为学习者提供需要分析句子结构理解的文章，让学习者阅读
图式利用	在所给文章的相应部分教师通过问题提示学习者进行文本与图式之间的联结，读后让学习者谈论自己是如何利用图式信息理解的
选择注意力	通过问题提示和阅读控制表帮助学习者在阅读中把注意力集中到某具体信息
策略调控	提供风格各异的文章让学习者选择不同的阅读策略，或者针对同一篇文章为学生设计不同的阅读任务，任务完成后让学习者介绍自己完成不同任务时所采用的阅读方式
文本利用	根据课文的特点设计推理问题，学生完成任务后介绍自己是利用什么上下文信息进行推理的
整体阅读	为学习者提供可以采用整体阅读方式的文章，提示学习者要采用整体阅读的方式进行阅读，阅读后讨论自己阅读的感受
信息分析	为学习者提供不同类别的信息让其分类
结构分析	通过表格、结构图等方式的填充帮助学生分析文章的结构

（二）阅读技能培养

阅读技能是学习者能够无意识地使用某种策略获取信息、理解文本、完成任务的技能。与策略相比，词义猜测是一种技能。因为学习者需要首先判断是否需要进行词义猜测，然后再利用略读理解主题大意。

技能的培养需要每种教学活动的训练，具体如表 3-6 所示。

表 3-6 教学活动对技能的培养分类

技能	活动
猜测词义	1. 提问学生对单词或短语的理解 2. 有关单词或短语的替换练习 3. 单词构成分析 4. 单词释义辨析
理解语句之间的关联	1. 段落或句子顺序重组 2. 对规定词语所指的选择 3. 阅读文章补充抽掉的语篇指示语 4. 根据所给句子或段落对下文预测
理解篇章结构	1. 段落顺序重组 2. 段落作用讨论
理解细节	1. 信息转述练习，如信息图表化 2. 记笔记，按照文章顺序记录事件或情感等 3. 正误判断 4. 七巧阅读 5. 根据文章重组句子 6. 根据故事排列图片
推论	正误判断，表格填充、讨论等
理解风格效果	1. 有关文章风格的正误判断或选择题 2. 风格讨论 3. 将所给段落或文章与阅读文章进行风格匹配
泛读	1. 课外自选阅读 2. 课外规定泛读，提交相关阅读报告 3. 课外项目阅读
略读	1. 阅读后给出标题 2. 阅读后匹配标题 3. 阅读后撰写概要 4. 话题匹配等
寻读	1. 在规定时间内查找要求的具体信息 2. 信息图表填充 3. 选择填空 4. 补全图片信息等

（三）实践分析

教师 N 在阅读课上比较注重阅读策略的培养，她设计各种活动训练学习者主题理解能力、细节理解能力和推理推论能力。学习者参加了很多活动，但是学习者阅读的策略水平并没有提高。

【分析其中可能存在的原因】

教师 N 能够采用多种活动培养学习者理解大意能力、细节理解能力以及推理判断能力，这是很必要的。如果学生阅读策略能力没有得到提高，原因之一可能是其训练的数量不够，或者训练不能满足学生的需求。原因之二可能是教师只是让学习者作答，反馈时并没有让学习者介绍自己是如何理解的，采用了什么策略。如果只是核对答案而不解释如何理解，那么学习者的策略意识就很难有大的提高。从教学实际来看，很多教师只是为活动而活动，学习者只要答案正确教师就不再处理。其实，解释阅读的过程、解释答案推导的过程比答案本身要重要得多。

【请回答】

（1）你认为预测属于背景激活活动吗？为什么？请举例说明。

（2）你认为目前中考、高考和大学英语四、六级考试中阅读理解的测试能够评价学生的阅读能力吗？为什么？请用具体的案例说明自己的观点。

二、英语写作教学方法改革

本部分重点探讨英语写作的教学改革，主要包含以下几个方面。

（一）结构

1. 谋篇布局

结构是写作的基础。学生需要了解文章的谋篇布局，根据写作目的选择适当的扩展模式。

2. 完整统一

完整统一指文章没有与主题不相关的细节，所有细节都服务于主题。如要加强学生这方面的意识，可采用专项练习的方式进行训练，如设计含有不相关细节的段落，再组织学生修改等。

3. 和谐连贯

段落篇章要和谐连贯，要有起承转合，避免生搬硬凑，段落与段落之间多使用逻辑和衔接语进行衔接。可采用"短文填空"的方式对衔接语的使用进行专项训练。

4.语言流畅简练

语言的结构要简练，杜绝冗余累赘。另外，句子的重心和意思的强调对句式都有相应的要求。

（二）句式

在句式写作教学中可采用"示范"和"讨论"的方式，帮助学生掌握正确的表达方式。除了英语的一般句式外，还有必要向学生介绍其他句式，如倒装句式、强调句式等。

（三）选词

选词能够有效增强作者与读者之间交流的作用。词的选择应考虑语域、读者对象和角色因素等，包括概括词与具体词的选择，拟声词的选择，正式用词与非正式用词的选择，形象词的选择，等等。

（四）拼写和标点符号

拼写和标点符号的运用是写作的基础，对于读者阅读具有重要的作用。

第四节 英语翻译教学改革

在我国，翻译教学是培养人才的重要途径。英汉文化丰富多彩，语言习惯也相差各异，在进行翻译时，若想使原文较好地传达出其语意，使用长期积累下来的翻译技巧必不可少。

一、直译与意译

直译与意译是将原文和译文进行比较，对比译文和原文在内容和形式上是否统一。

（一）直译

所谓直译，就是在译文语言条件许可的条件下，在译文中既保持原文的内容，又保持原文的语句形式——尤其是保持原文的形象比喻和地方民族色彩等。例如：

Dark horse 黑马

Chocolate 巧克力

（二）意译

意译是指当直译不能传达原文的思想内容或者与原文内容有矛盾时采用的翻译方法。即不拘泥于原文的语言形式，以译出原文所要传达出的意思为主。

例如：

the moon　直译：月亮；意译：玉兔，月桂，婵娟。

long hand　直译：长手；意译：一字不漏。

Lu Xun put his hometown on the map.

直译：鲁迅把他的家乡放在了地图上。

意译：鲁迅使他的家乡声名远扬。

由于文化的不同，有些语句不能采用直译，只有意译才能传达原文的意思。

例如：In many forms, green hands need to a period of training。

直译：在很多公司，绿色的手都要接受一段时间的培训。

意译：在很多公司，新手都要接受一段时间的培训。

如果我们用直译翻译"green hands"，中国人肯定不能理解它的意思。在英语文化中"green hands"表示新手、嫩手、没有经验的人等，和汉语中的"green：绿色"意义不同。

二、增译与减译

（一）增译

增译法，即增加式全译，是一种全译的方法，又叫增词法，指在翻译过程中根据目的语和原语之间在思维方式、语言习惯、表达方式等方面的差别，适当地添加一些词、短语或句子，将原文中隐含的意义突显出来，更准确地表达原文意义。

增译法是指为了能更好地传达原文的语义而在翻译时增加原文没有的信息等。一般有两种情形：一是根据原文的上下文信息，在表达时增加原文没有显现意思的词句等信息；二是增补原文句法上的省略成分。因此，增译的原则实际上是"增形而不增义"。

例如：

（1）I am looking forward to the holidays.

我们等待假日的到来。

（2）子曰："学而不思则罔，思而不学则殆。"

Confucius said: "He who learns without thinking is lost. He who thinks without learning remains puzzled."

（二）减译

减译法是与增译法相对应的一种翻译方法，即删去不符合目标语思维习惯、语言习惯和表达方式的词，以避免译文累赘。

在英语中，多个简单句描述一个事物或表达一种情感时，虽然主谓结构不一定都相同，但是其主谓结构围绕的主题都是相同的，所以翻译成汉语时，可以找准多个简单句之间的关系，提取共同的主语，使译文简洁精炼。

（1）The earth goes around the sun.

地球绕太阳转。

（2）中国教育家陶行知非常重视教育工作。

The Chinese educator Tao Xingzhi had always attached great importance to education.

三、分译与合译

（一）分译

分译法有以下几种形式。

1.抽词法

将句子中的某个词抽出来，单独翻译为句子。例如：

（1）A movie of me leaving that foxhole would look like a shell leaving rifle.

我离开那个单人掩体速度之快，要是拍成电影的话，会像出膛的子弹一样快。

（2）He, not surprisingly, did not come at all.

他根本就没来，这在预料之中。

2. 短语分译法

在翻译过程中，为了让译文能够更加通达地传达原文的内容与思想，在很多情况下，译者都必须根据实际情况将原文的语言结构做出较大的调整与改变。短语分译法指把原文中的一个短语分译成句子，使原文中的一个句子分译成两个或两个以上的句子。使用分译法翻译短语，要求摆脱原文语法结构的限制，灵活变通句型，在传递原文信息的基础上，使译文自然符合汉语的规范，以确保译文忠实且通顺易懂。一般来说，名词短语、分词短语与前置词短语的翻译有时都可以分译单独成句。例如：

（1）Built in 1192, the bridge is over 700 hundred years old.

这座桥是1192年修建的，至今已经有700多年的历史了。

（2）Sunrays filtered in wherever they could, driving out darkness and choking the shadows.

阳光照在所能透过的地方，赶走了黑暗，驱散了幽影。

3. 句子分拆法

一般常用的有顺拆法和倒拆法。

顺拆法：

把句子按意群分成片段，将片段按原来的顺序译出。但拆译后的句子相互间必须衔接，这往往需要加词。例如：

（1）Actually, it isn't, because it assumes that there is an agreed account of human rights, which is something the world does not have.

实际上，情况并非如此，因为它假定存在着一种说法一致的人权，然而世界上并没有这样一种说法一致的人权。

（2）In a dispute between two states with which one is friendly, try not get involved.

当两国发生争端时，如与两国都友好，第三国则力避卷入。

倒拆法：

打乱原来的顺序，将后面的提前译出。例如：

He did not remember his father, who died when he was only three years old.

他三岁时父亲就去世了，因此，他不记得父亲。

（二）合译

合译法就是将不同的句子成分组合在一起，使其更符合汉语的表达方式。

例如：

（1）Two years later he changed to yet another school, and there he met a colleague whom he could not help admiring and feeling drawn to, as he was a sincere, plain-spoken fellow who had been a teacher for six or seven years.

过了两年，他又换过学校，却遇见了一个值得感佩的同事。那同事是个诚朴的人，担任教师有六七年了。

（2）She was born in a very small town. The town is in the north of China near the sea.

她出生在中国北方一个沿海的小镇。

四、反译法

本部分从正说反译和反说正译两个角度对反译法的应用进行分类。

（一）正说反译

英语中对否定意义的表达形式多样，不论是词汇还是句子，其灵活复杂的表达方式在充分体现了英语的语言特点和文化特征的同时，也为其翻译带来了不少麻烦。由于语言差异和思维方式的不同，有时候用肯定的形式表达，翻译时用否定的形式表达，称为正说反译。

1. 单词角度

英语中表达否定意义的单词种类繁多，除了完全否定、部分否定等明确表示否定意义的单词外，还有一类我们称之为"含蓄否定词（words with negative implication）"的词汇，其最大的特点就是虽无否定之形却含否定之意。该类单词涵盖了名词、动词、形容词、副词等多种词性的词，其本身或延伸多具有"缺乏、拒绝、禁止、失败、忽视、反对、阻止、无知"等消极的否定意义，在英汉翻译中大多会将其较为明显地体现出来，现根据不同的词性分别举例并给出参考译法。

（1）Failure to comply with these conditions will result in termination of the contract.

不遵守这些条件将导致合同终止。（名词的正说反译）

（2）She seems to have missed the joke.

她好像没有听懂这个笑话。（动词的正说反译）

（3）I don't know why the manager offered that important job to such an absent-minded person.

我真不明白经理怎么把这么重要的工作交给一个做事这么心不在焉的人。（形容词的正说反译）

（4）He is always deaf to his teacher's advice.

他总是对他老师的忠告充耳不闻。（形容词的正说反译）

（5）He hunted vainly through his pockets for a piece of paper.

他翻遍口袋想找一张纸，结果什么也没找到。（副词的正说反译）

（6）The Theory of Relativity put forward by Einstein is now beyond many people's understanding.

爱因斯坦提出的相对论现在仍有很多人理解不了。（介词的正说反译）

2. 词组角度

表达含蓄否定意义的短语形式多为：名词/动词/形容词＋介词/副词。

（1）含有"保护、避免、远离、去除"等含义的动词或者名词与介词 from 连用后可译为"使……不……"，"没有（受到\遭到）……"等否定意义，如 far from, free from, safe from, keep from, save from, protect from, prevent from, freedom from, deviation from, refrain from 等。

（2）比较类的词组中包含对一方肯定的同时必然也包含着对另一方的否定，其中 than 就是一个典型的用于引出比较成分的连接词，由其组成的词组如 more…than, more than, other than, rather than, would rather…than. 均含有隐含的否定意义，这样的词组构成的句子人们通常称之为"择比句"。

（3）out of 是一个非常特别的介词词组，其本身即可表示"不在……之中""没有、缺乏"的含义，如与某些动词结合，引导动词的补语成分，则表示"失去、没有"之意。

3. 语句角度

有一些特殊的句型，在（看似）肯定的形式下蕴含着否定的含义。

（1）"but for / but that"句型。"But for / that"在虚拟语气中常被译为"要不是，如果没有"，相当于"if there were not for…"或者"if it were not that…"，其后所接成分所表达的是虚拟的条件，其中"but for"后为短语，而"but that"后为从句。

（2）"It is I has been…since+ 延续性动词"句型。在识别此句型时，要特别注意"since"后动词的性质，只有为延续性动词时才表达否定含义，需要用到反译法；而当为非延续性动词时，则表示肯定意义，无须使用反译法就可以得到通顺简明的翻译。

（3）"know better than to…"句型

① You know better than to do that!

② You are old enough to know better than to spend all your money on clothes.

③ I know better than to do such a thing.

以上例句的结构并不复杂，并不形成翻译的障碍，但如果以"know better than"的字面意义"比做某事知道得更多"进行翻译，结果就很不理想。倘若通过反译法，该句型中其意义为"明白事理而不至于……"，然后根据语境稍作加工，不难理解下面所给的翻译结果。

①你明知道不应该那么做！

②你已经这么大了，应该知道不该把钱全花在买衣服上。

③我还没笨到去做那种事。

（4）"It is…that…"句型。该句型作为典型的强调句的表达方式，对很多英语学习者来说并不陌生。但作为英语谚语的特殊句型，只有通过反译的方法才能探得原文含义保留谚语幽默隽永的特点并起到发人深思的效果，如：

① It is a foolish bird that soils its own nest.

再笨的鸟也不至于弄脏自己的窝。

② It is a good gear that lasts aye.

再好的工具也有用坏的时候。

从上面的两个例子不难看出，发生反译的部分出现在"that"引导的从句中，将提供的参考译文稍作总结，可以发现两点：首先，为使语句通顺、语气强烈，在对主语的形容上加了"再"作为程度副词；再者，that 在原文中引导的肯定句全部转化为了译文中的否定句。

4. 文化角度

悠久的中华文明，儒家有"不耻下问"的治学之谦，道家有"圣人之治，虚其心，实其腹"的治国之谦，君子必有谦虚之德。中国人要求自谦的同时，对于别人的称赞也较为"吝啬"，即便真心称赞也多为"含蓄的赞美"，而英语则不然，在对别人的夸奖中极尽赞美之词的英语表达屡见不鲜。另一方面，西方国家提倡个人主义，彼此独立平等地尊重，相比汉语转而告诫批评为建议的表达，英语的礼节更注重直言不讳，"忠言逆耳利于行"的思想早已根深蒂固千年之久。这时，应处理好这种文化差异，使译文更加地道。例如：

This coat is of the best quality and excellently the tailor, too.

这件大衣质量上乘，做工也不错。

若要做好此类句子的翻译，首先要了解中西方的文化差异，在此基础上了解语境后，根据各自不同的语言表达习惯对译文加以酝酿润色，才可以得出较为地道的表达形式。

（二）反说正译

反说正译与上一节中探讨的正说反译相对，虽思维方式有别，但二者却有异曲同工之妙。

1. 单词角度

英、汉民族的思维都有肯定与否定之分，但各自表达方式不尽相同。英语否定形式较复杂，含有 no, not, never 等否定词，以及 non-, un-, im-, in-, ir-, -less 等否定词缀，除此之外还有形式肯定而意义否定的各类词和短语，如 fail, miss, lack, ignore, but, except, beyond, in place of, instead of 等，和其他结构如 more…than, other than, rather than… 汉语中没有严格意义的形态变化，表达方式相对简单，易于辨认，有明显的否定词："不""没""无""未""别""休""莫""非""毋""勿"等。

例如：

她光着脚走进了房间。

译文一：She came into the room bare-footed.

译文二：She came into the room with no shoes on.

译文一是正说正译，译文二是正说反译。显然，后者的强调意味要浓得多。

2. 双重否定

所谓"双重否定"，是通过对同一事物或者概念的两次否定而得到肯定；这种逻辑思维在语言环境中具体表现为：两种可以表达否定意义的形式作用在同一个描述对象上，用来表达肯定意义。如：

（1）You can not make something out of nothing.

巧妇难为无米之炊。

（2）Nothing was impossible as long as we set out our minds on it.

只要我们有决心，没有什么事情是不可能的。

第四章　英语教学模式的改革创新

第一节　模块教学模式

模块教学模式是高校英语教学改革的重要组成部分。这种教学模式有较强的系统性，将英语教学分为知识、技能、拓展三大模块，并在不同的学期中分别进行有针对性教学，最终提高学生的语言综合应用能力。

一、模块教学模式的定义

随着英语教学改革的推进，英语教学系统改革向着能力化、技能化、多样化、信息化的方向发展。在这种转变中，英语模块教学模式应运而生。

模块教学通过一个能力和素质的教育专题，强调知能一体的教学法以及知行一致的学习法，并主张提高学生的素质和技能，通过开展理论、技能、实践等活动来实现教学目标。

大学英语模块教学能够丰富英语课程，使课程更加多样化。同时，也便于提高学生对英语学习的兴趣，调动学习的积极性。

二、模块教学模式的展开

英语模块教学模式主张在一定时期内对学生进行阶段性目标的培养，这也符合新的教学要求。

模块教学模式是对整个教学系统的管理，在实施过程中需要教学工作者进行科学设计。对大学英语模块教学中的模块可进行如表4-1所示的划分。

表4-1　大学英语模块教学中的模块分类

基本分类	更细的模块分类
知识模块	语音模块
	词汇模块
	语法模块

续表

基本分类	更细的模块分类
技能模块	听说模块
	阅读模块
	写作模块
	翻译模块
拓展模块	各门外语类选修课
	第二课堂活动

以拓展模块为例,对模块教学模式进行分析。拓展模块主要是对学生的能力进行拓展,对此,可开展丰富多样的课程。具体包含以下几个方面。

模块1:开设一些应用专业型英语后续课程,如时事新闻、商务英语、旅游英语、经济英语、法律英语、商务信函写作、实用英语写作等。

模块2:开设实用技能型英语的后续课程,如日常口语提高、高级口语、听力提高、演讲、视听说、高级写作等。

模块3:开设跨文化知识型英语的后续课程,介绍西方各国文化、常识、思维方式、价值观、民俗、礼仪、历史、教育、宗教;对比传授中西文化、跨文化研究等。

模块4:开设欣赏型课程,如欣赏电影、音乐、神话、小说、诗歌、散文、演说等。

模块5:开设综合考试型课程,如继续通用英语的深入学习,考研英语、雅思等各类出国考试的培训。

这些模块依据学生和社会的需求,通过语言实践,可提高学生的实际应用英语能力、语言能力和文化修养、专业信息获取能力、语言表达能力,从而适应社会需求。这样的拓展模块设计,不但细化了学生对大学英语教学的需求,在整体上也建立和完善了与传统大学英语教学体系完全不同的大学英语拓展模块体系。

第二节 交际教学模式

一、交际教学理论

交际法英语教学的含义很广,它涉及所有与教学有关的教学大纲的内容、教材的编写、具体的课堂教学方法与课堂活动的设计,以及与之相应的考试设计和评估体系。交际法英语教学的理论在其形成过程中,汲取了很多学科的见解,例如哲学、社会学、人类学、语言学、心理学等。因此,交际法英语教学的内容相当丰富。但是,交际法英语教学理论的核心是美国的人类学教授、社会语言学家德尔·海姆斯,他首先提出了交际能力学说。这一学说由海姆斯在20世纪70年代初提出后,80年代初经过加拿大学者卡纳尔和斯温的补充,80年代末90年代初又由美国学者巴克曼作了进一步发展。可以说,海姆斯的这一学说是大胆而划时代的。因为在海姆斯之前,以乔姆斯基为代表的语言学理论一直占着统治地位。海姆斯认为,乔姆斯基将语言学研究局限于"完全相同的言语集团"和"理想的言者——听者"的观点是"伊甸园观点",缺乏实际经验验证。因为现实世界并非如此纯粹和理想。针对乔姆斯基将语言能力定义为语言体系知识或语法规则知识的观点,海姆斯提出了现今经常被人引用的著名论断,即语言"有使用规则,如果没有使用规则,语法规则将是无用的"。他提出,在自然的语言习得过程中,一个正常的孩子所获得的句子知识不仅有语法方面的,而且还有恰当与否这个使用方面的问题。一个孩子在成长的最初几年,他获得的语言能力包括学会应该说什么,不应该说什么;什么时候该说,什么时候不该说;应该对谁说,不应该对谁说;应该在什么场合说,不应该在什么场合说;应该以何种方式说,不应该以何种方式说等。这就是说,人在自然的语言习得过程中,通过参加社群的言语活动,不仅学习语言的规则(即语法),还学会言语行为的规则(即用法),并能根据别人的反应评估自己的言语行为。海姆斯认为这种能力的获得是社会经验、社会需要和社会动机使然。语言学应该将注意力转向人的交际能力和社会生活。

二、交际法教学模式的特点及原则

教学方法是一个总的概念，它指实现教学目标的总的手段，包括具体的教学步骤、教学活动和教学技巧，这包括有关教与学的一般性原则。理想的交际英语教学应该是借助有效的交际教学手段，实施交际教材所提供的任务，达到交际大纲所规定的目标。交际法英语教学在欧洲刚兴起时，人们比较重视大纲的设计和教材的编写，目前则偏重强调教学法。交际教学法应遵循的三条原则，即一切活动围绕交际；尽量重现交际过程；不要总是纠正错误。

交际英语教学应具有布朗所述的四个特点：

（1）课堂的中心应是全部的交际能力，不应局限于语法能力或语言能力；

（2）设计语言学习方法的目的是使学生在实用、真实的情景中有意义地学习语言的实际使用；

（3）把流利性和准确性看作是以交际策略为基础的两个补充原则；

（4）在交际法课堂上，学生学习的最终目的必须是在未经排练的情景中，领会性地使用语言，而且语言应具有能产性。

在上述的四个特点中，第三条是对学生交流中错误的容忍。这一点对大学英语教学尤其重要，对教学实践的转变具有指导性。交际法英语教学区别于其他教学法的一个明显特征就是对学生的语言错误，特别是语法错误，采取比较宽容的态度，因为交际法教学强调意思的相互传递、语言的自由选择和交际目的的实现，传统的教学法比较强调语言形式的正确性，因而往往对学生的每个语言错误进行纠正。相反，交际教学法认为，有错必纠的做法会使学生因害怕犯错误而不敢大胆地表达自己的意思，妨碍学生的自由交际。

当然，交际教学法并非鼓励学生犯错误，或者不去纠正学生的语言错误。作为非母语的外语教师和语言工作者，我们都知道，在语言学习过程中，犯错误是一种正常现象，儿童学说母语尚且如此，何况学生学习外语。学生说外语时犯了错误，说明学生正在尝试使用语言，并不是坏事。应用语言学界的权威科德认为：错误对语言学习是重要的；另一位心理语言学家塞林克提出的"中介语"理论对外语学习很有启发。所谓中介语，就是外语学习者所使用的外语，它既是外语又不完全是外国人自己说的外语，而是一种介于母语和外语之间的中间语或中间阶段。比如很多中国学生初学英语时出现的"Chinglish"(即中式英语)就是一种典型的"中介语"代用汉语的思维习惯,将英语的单词、词组等按汉语的组句方式和表达习惯表达出来。很多外语教师对这种"中式英语"深恶痛绝,有时甚至对说或写这类句子的学生严加指责。实际上,每个外语学习者都会经过中间语这个阶段,学习者不可能一下子完美地掌握外语,也不可能一下子像外国人那样地道地使用外语,所以语言使用中会不可避免地出现不够规范的地方,如语音、语调、用词、句法、表达习惯、文体等。

可以说,出现"中式英语"这样的中介语是中国学生学英语过程中不可避免的阶段。怕犯错误学不好外语,不犯错误不可能学好外语。语言教学的首要任务是给学生提供各种学习的机会,让学生在实践中不断认识错误,纠正错误,提高自己,以求不断接近完美。经验告诉我们,外语学习者一般只有在目标语群体中生活相当长一段时间后,才有可能达到讲外语的本族人的水平,外语教学很难在学生的母语环境中让学生达到那种水平。因此,从这个意义上讲,学生的语言错误,或者学生的语言中与讲外语的本族人的语言不一致的地方总是存在。

我们必须清楚地知道,交际法英语教学不是对学生的语言不作纠正,而是对错误作具体分析,区别对待。根据第一语言习得的经验,孩子所犯的错误经常需要家长或老师不断地予以纠正,所以学生的语言错误肯定需要纠正,但关键在于纠正什么样的错误,何时纠正,如何纠正等。语言错误也有大有小,小的错误使语言形式或者句子结构看上去或者听起来不舒服,大的错误可以导致误解,甚至无法理解。亨德里可森指出,严重影响交际的错误,冒犯听者或者读者的错误和经常犯的错误完全应该纠正。但是不管错误大小,每错必纠的做法对外语学习反而起反作用。

三、交际教学模式改革的障碍

根据教学论的观点,任何一种教学活动都要受到相应的教学环境的制约。所谓教学环境是指影响教学活动的各种外部条件,或者指学校教学活动所必需的诸多客观条件的综合。教学环境因素很多,诸如教学自然环境、物质环境、人际环境、观念环境、班级教学环境以及教学社会环境。教学环境对教学、对学生有很大的影响,既有正面的影响,又有负面的影响,因此要进行大学英语教学改革,实施交际法教学，就需要对教学的整体环境的许多方面进行变革，使教学环境尽可能朝着有利于教学发展的方面变化。

综观我国的大学英语教学现状和教学环境，教师要转变自己的教学实践所面临的挑战是巨大的，其原因是多方面的。

首先，教与学的矛盾对教师的挑战。学校里实行的教学评估手段有一些不尽合理、不利于教师的因素，从而影响教师的积极性和转变教学实践的原动力。比如采用学生给教师打分的方式考核教师的工作状态。学生给教师打分常常感情用事，有的教师对学生要求严格，不讨学生喜欢，落得个低分，不利于激励教师更加热情地投入工作。另外，对教师教学实践的各方面改革，学生的评价也有很大的偏差。比如，有的教师想多抓口语训练，培养交际能力，但班上不爱开口说话的学生不感兴趣，认为浪费时间；有的老师想帮助学生打好语言基本功，但班里一些急于通过四、六级考试的学生，希望"急学先用，立竿见影"，反说教学不得法。这些都会打击教师的积极性，其结果自然是限制了教师对教学改革的信心和决心。因此，实施交际法教学，学校、教师和学生应协调解决这种矛盾。

其次，学校管理机构教学目标的定位与错位。在很多大学里，领导的观念是"只要四级考试成绩上去了，通过率提高了，就说明大学英语教学成绩显著"。很多高校将能否通过四级考试与毕业证、学位证挂起钩来，其他科目教师对大学英语教学也不大理解，把它与通过"四六级考试"等同起来。这样一来，大学英语教学的核心似乎就是"四六级考试"，一切教学活动都围绕这一中心展开，这在某种程度上起到了为"应试教育"推波助澜的作用，阻碍了以交际为目的学生英语运用能力的提升。

再次，现在社会上普遍对大学英语的关注仅限于四、六级考试，这在客观上限制了教师进行教学改革并实施自己的教学理想。这种观念不改变，教学改革很难进行。大学外语教学进入今天的误区，是国家教育主管部门、学校、教师和学生等诸多因素共同作用的结果，学生的整体英语水平的提高要求社会各方面的配合和支持。如果各院校能真正实行专业课的双语教学，那么在很大程度上可以减轻英语教师身上应试教育的压力，而转向培养学生的交际能力，我们的教学理想也就能变为现实了。

最后，学校现有的教学设施落后，也制约教学活动的有效开展和教学改革的实施。在电子技术飞速发展的今天，计算机、网络等越来越多地被用在教学活动中。不少教师希望用多媒体进行教学，但学校有限的资源和落后的设施无法满足教师的要求，使教学实践改革裹足不前。

四、交际教学模式改革的主要途径

基于以上的分析，我们不难看出，为了顺利进行大学英语教学改革，各级教育机构、教学环境、教师都需要做出一些调整和转变。交际教学法至少启示我们，可以从以下几方面进行改革。

（1）各高校应在教育部新近颁发的《大学英语课程教学要求》（试行）的标准上制定出符合本校实际的校本教学大纲，实行教考分离，即建议把现行的大学英语"四六级考试"同教学完全分离开来，学校不再组织学生参加这一考试。这样做可以变目前学校的统一行为为学生个人行为，使高校自身摆脱四、六级考试的困扰，专心致志地进行素质教育，从而真正提高学生的英语交际能力。

（2）改革评估体系，学校的考试应以如何提高各自学生的英语水平为出发点，将形成性评估（即过程性评估）与终结性评估相结合。前者指学生日常学习过程中的表现、所取得的成绩以及所反映出的情感、态度、策略等方面的发展做出评价；后者指测验和期末考试。具体地说，形成性评估侧重于学生的平时课堂表现，比如是否积极发言参与讨论，课外能否完成作业以及出勤情况等。形成性评估应占整个考评的40%—45%。

（3）确定正确的教学目标，取消课堂的各种应试教学，培养学生的自主学习能力。学生根据自己的学习情况，自主决定课后的自我复习练习，教师发挥监督和指导作用；进一步完善学分制，试设高年级的英语选修课，使大学四年英语不断线。

（4）加强师资培训，以科研带动教学，积极探索读写课大班上课、听说课以小班进行的新模式；积极推动各专业的双语教学，试行副修英语专业，为培养"专业＋外语"的复合型人才创造机会和条件

（5）学校要积极改善教学环境，创造条件，营造讲英语的氛围，充分发挥第二课堂的作用，调动学生学英语、讲英语的兴趣和积极性，逐步消除"哑巴英

语"现象。

（6）对学生要正确引导，使他们明确英语学习的最终目的是交际的需要，而不是为了通过某些考试。

第三节 研究性学习教学模式

一、掌握学习与程序教学

行为系统模式在学科教学中最常用的是掌握学习。将要学习的材料由简单到复杂分成若干单元，通过合适的媒介逐步呈现给学生。根据这一模式编制的教学系统适用于各个年龄段的学生，适用于从基本技能到较复杂内容的学习。

系统的程序教学运用于课程材料而得出的标准课程，使学生根据自己的学习情况调整学习进度；使每个学生都达到真正掌握的程度，形成自动和自导学习。在学习的过程中获得解决问题的方法和能力。鼓励学生进行自我评价，由此来激发他们的学习热情。

掌握学习简单明了、前景乐观而且清晰无误。掌握学习体系建立需要一个认真发展的过程，将会直接触动许多在教师驱动式教学中出现的令人烦恼的问题。同时，还能够把教师摆在积极鼓励和帮助学生形成自尊的位置上。

二、直接教学

直接教学建立在对高效率的教师进行研究的基础上，是训练心理学家和行为主义心理学家的思想。直接教学模式在核心课程范围内的基本知识和技能教学中得到了最普遍的应用。

直接模式系统地深入教学内容，其设计意图是依靠调节进度和强化来激发、保持学习的内在动力。它还试图通过成功的体验以及积极的反馈来增强学生的自尊。

三、模拟训练学习

从理论到实践，综合了有关技能形成中的演示、练习、反馈、指导，直至掌握技能。模拟在类似于真实的情境中应用。需要创建一种接近真实生活的环境作为教学情景。学生在活动中依据模拟训练结构（表4-2）达到模拟目标，就必须处理好这些现实因素，直到达到目标。

表4-2　模拟训练学习结构

阶段1：导向	提出模拟训练的主题和记分、其中应用的概念；解释模拟训练和游戏；概要介绍模拟游戏
阶段2：参与者的培训	设置情境（规则、角色、程序，做出决定的类型、目标）；分配角色；进行简短实践
阶段3：模拟训练操作	进行游戏活动和游戏管理；获得反馈与评价（表现和所做决定的效果）；澄清错误概念；继续模拟训练
阶段4：总结	总结事件和感受；总结困难和看法；分析过程；把模拟情境与真实世界相比较；把模拟活动与课程内容相联系；评估并修改模拟训练程序

模拟训练模式拥有很多方面的教学作用，如概念的获取与技能的掌握，合作与竞争的协调，批判性思维的产生与决策能力的培养，政治、社会以及经济制度等方面的知识应用。

第四节　网络教学模式

利用计算机网络技术开发英语课程，拓展学习和运用英语的渠道。计算机网络技术的应用能够为英语教学提供重要的支持。

一、网络教学模式概述

（一）网络教学模式含义

教师利用多媒体教学图、文、声、像立体化、多感官的表达效果，为学生提供内容丰富、形式多样的听力教学。教师为学生提供发音练习的教学软件，让学生去模仿发音。教师选择学生感兴趣的英语动画吸引学生，增加其对英语的学习兴趣。

为提供形式多样的情境，教师应充分运用多媒体资源。情境使抽象的语言具体化、情景化和形象化，加强学生的理解能力，培养学生英语实践和英语联想的良好习惯。信息技术的运用把枯燥的语音教学变得形象生动化，既加深了学生的记忆，又突出了教学的重点。

教师设置情景、提出问题，让学生带着问题去阅读。计算机网络技术实现了图、文、声、像并茂,激发了学生学习的兴趣,实现了语言学习与其他学科的整合。既可以使教师根据课文内容,利用计算机网络技术设计教学方式,又激发了学生阅读的兴趣。在教学中重视培养学生的英语运用能力,帮助学生正确理解课文中的语言、文化与情感信息。

计算机网络技术可以提供辅助文字的图像、视频等,来增加学生的英文表达能力。教师针对每单元所学的主题,通过网络搜索到适合学生阅读的小故事、儿歌和英语小知识等,为学生提供大量的写作素材。网络交流工具的发展,使教师和学生的交流不受课堂的局限,拓展了师生线上英语交流的机会。

(二)网络教学模式设计

网络教学设计是一种系统方法,指为了实现教学过程最优化,相关人员充分利用现代信息资源与信息技术,合理地、科学地安排教学过程的各个要素与各个环节,努力提供给学生优质的网络化支撑和学习条件。

1.网络环境下教学设计的基本原则

(1)强调学习者的主体地位,注重对学习者能力培养。

(2)注重学习资源的共享及可重用性,利用各种网络资源为学生学习提供便利。

(3)创设符合教学内容要求的情境,帮助学生建构当前所学知识的意义。

(4)全面的学习评价。对学生的评价不仅关注学习结果,也注重学习过程,不仅关注学生的习得知识,更关注能力的提升。

2.网络教学设计的基本流程

随着网络技术在教育中应用的日益广泛和深入,特别是互联网与校园网接轨后,良好的网络环境为学校教育提供了丰富的资源,这使网络教学成为现实。网络教学设计包括以下四个内容,如图4-1所示。通过对学习活动的设计,能够加深学生对知识的理解,让学生在活动中掌握所学的知识。

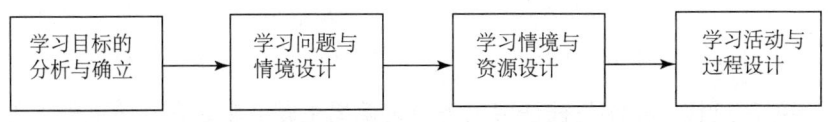

图4-1 网络教学设计的基本流程

（三）网络教学设计的策略

在网络环境下，教学策略必须牢固树立生本理念，充分调动学生的积极主动性；遵循学生身心发展的规律和认知学习规律，突出情感、态度、价值观的正确导向，体现工具性与人文性的基本特征；培养学生团结协作精神，促进学生高级认知能力发展；培养学生创新精神，促进其发展信息能力。由此可见，为了更好地将信息技术与学校课程融合，可以从以下几个方面考虑教学策略的确定。

1. 网络学习环境的设计

在网络环境下的教学中，一方面，教师必须根据学习者的年龄特点和认知特征，围绕所要学习的内容精心筛选、设计各种信息资源，从而降低资源的冗余度，减轻学生的认知负荷。另一方面，为了实践操练、构建知识，便于学习者协商交流，教师还应提供必要的认知工具。

2. 自主学习与协作学习的设计

网络技术为学生的自主学习和协作学习提供了便利条件。学生直接与信息技术工具、信息资源接触，他们的知识领域不拘泥于教材，而是转向丰富的信息资源，极大地拓展了知识面，提高其信息素养，培养其自强、自立、自主的品质。学生可以分组研究不同问题、完成不同任务，在这个过程中，组内成员与组间成员可发挥各自的特点，相互质疑，相互批判，相互帮助，相互提示，进行协作学习，这些协作交流可以通过面对面的沟通或各种通信工具（如：电子公告板、网上聊天室、BBS、网络协作学习平台和 E-Mail 等）来完成，从而使学生在和同伴紧密沟通与协调合作的过程中，深刻理解和领悟所学内容，同时有利于培养学生的钻研精神、协作精神和批判精神。

3. 教师指导的设计

在网络技术与学校课程融合中，教师扮演的是促进者、帮助者与引导者。由于学生个人能力、兴趣、爱好不同，其学习活动呈现各种现象，加上课堂教学的多样性，教师应针对不同的问题，及时引导，从而保证学生有效地学习。例如，在协作学习的过程中，学生往往会出现讨论偏离主题或缺乏深入等问题，教师则可以从大的方面把握讨论主题，发出指令，要求学生及时提供同学间的讨论，以检测学生的互动情况，防止学生陷入无意义的争论中；教师也可以为学生提供讨论的资源或诱发学生产生讨论思路；教师还可以加入学生的讨论，为学生指点迷津，提供帮助。

4. 学习评价的设计

网络环境下，学习评价具有参与性、真实性的特点。教师评价学生的学习成效时，不仅仅是对学生成绩的检测，更重要的是评价学生解决问题的能力与参与实践活动的能力。教师可以让学生完成比较复杂的、综合性的、真实性的任务，以此来评价学生解决问题的能力与知识迁移的能力。教师也可以利用学习文件夹评价、绩效评价和电子作品评价等新型的评价方式来综合评价学生的能力。此外，学生不仅仅是被评价的对象，也是评价的主体，应该参与到对自己、对他人、对共同体的有意义的评价过程中来。

二、网络教学模式举例

本节主要介绍有效利用互联网进行教学的一些方法，并详细介绍如何一步步将互联网引入到教学中去。

（一）网站教学模式

1. 在课堂教学中使用网站

在课堂上最简单的现代技术应当就是使用网站了。网络资源不仅丰富而且会不断更新，同时还能满足不同层次的需求，覆盖的话题更是惊人的广泛。教师可以找到面向所有网络冲浪者的原创语料资源，也可以找到专门为英语学习者而编写的资源，还能找到单一语种或是多语种的网站、带有多媒体资源的网站，或只有文字的网站。

网络可以作为一扇窗户，为学生打开外部世界丰富的内容和资源，当然，其中也汇集了大量立等可用的原创材料。因此，与以前贫乏的资源相比，网络使教师和学生有了一个更大的资源库。

将互联网应用于教学对技术要求不高，因此跟复杂技术手段（比如开展实时聊天或视频会议等）相比，在使用过程中出现问题的概率大大降低。这个工具的另一个优点是并不需要一直联网，教师可以在本地机上保存网页，还可以把以后可能用到的网页打印下来。

在课堂中能够采用多种多样的方法来使用网页。

（1）不用计算机而是作为打印材料来用。尽管打印并不一定是最便宜的手段，但对于上网不方便的地方来说也不失为一种可以替代的选择。其实很多网上的活动只需打印一两页然后去复印就可以满足教学要求了。

（2）在只有一台计算机能上网的情况下，我们可以将它跟投影仪连接起来，甚至可以跟交互式电子白板连接在一起，这样所有学生都能看到大屏幕。当然，我们也可以把这台计算机作为辅助工具，必要的时候上网搜索或查找资料。

（3）在计算机教室上课，而且所有计算机都能上网并相互连接。如果你能够在这种条件下上课，那么理想状况是将互联网内容糅到常规教学中去。

重要的是教师和学生都必须把互联网的使用看成是学习过程的一部分，而不是与常规教学无关的偶尔的活动。如果教师打算使用互联网，应试着引导他们去分析使用这个资源的原因。对于英语水平不高的学生来说可以用母语跟他们聊，而对于语言水平较高的学生则可以用英语来交谈这些事情。

有些学生可能对在课堂中经常使用计算机有些反感，比如，某些职员们往往只是把计算机看作是工作的一种工具而不是学习的资源。学生应该明白计算机在课堂中是非常有用，并且可以带来娱乐的一种工具，此外计算机还可以从各方面促进他们语言的发展，比如让他们有机会扩大词汇量或提高听力技能等，这很重要。语言水平比较低的班级可以使用视觉和多媒体材料或歌曲及其他录像资源。

2.通过互联网备课

下面要考虑的是利用网络技术进行教学所使用的教案和平常准备的教案在形式上有何区别。

首先要做的当然是好好备课：首先要去全面了解选好的网站，确保对它的内容特别熟悉。尽量选择那些可能长期存在的网站——比如那些由大型机构和商业组织维护的网站，而不要选个人主页，因为后者很不稳定，可能很快就消失了。

在打算让学生访问的网页上做标记——可以通过IE浏览器里的收藏夹功能

把这些网页保存下来以便日后使用——同时确保对于该网页的内容十分熟悉，这样，当学生有问题的时候教师可以从容应对。

准备一节以网络内容为主的课（网络内容并非起辅助性作用）与准备一节传统的课堂本质上并没有区别，一节典型的基于网络的课可以分为三个部分：热身、网络和下一步。

热身部分的活动与一般的课堂一样，主要包括导入活动和激发兴趣的活动等。这部分的目的主要是让学生为接下来的网络活动部分做好准备。我们的观点是，这部分最好是在跟平常的课堂一样熟悉的环境里完成。

在网络学习部分，你需要使用计算机多长时间就花多长时间，这一点很重要。我们建议在这个阶段把学生带到计算机教室，而不是整节课都在那里上。这么做有两个好处，一是可以让更多班级的学生来利用计算机教室，二是可以让学生在计算机教室学习的时候更加专注。另外，学生换教室时也可以走动走动，换换学习节奏。但是另一方面，从传统教室换到计算机教室也有可能会影响教学，因此，需要周到的安排。

如果学校计算机比较少，或者是教室里只有一台计算机，那么需要提前把网络材料印好。当然，有些学校要求教师每周必须带学生在计算机教室上一次或几次课。如果是这样，那么可以对自己的教案进行比较大的调整，更大程度地发挥网络优势。

教师甚至可以把网络的使用系统地纳入教学大纲里，比如用网络资源来代替该课程里所用的部分材料，如听力材料或阅读文章等。需要注意的是，整个过程必须对学生透明，学生必须理解教师这么做的原因，更要明白这些改变的相关性和价值。为此，教师要培养学生对于课堂所用材料的评价能力，并鼓励他们讨论自己喜欢和不喜欢做的事情。教师还需记住，学生有自己喜欢的网站，这些网站的内容是否能够被用于课堂教学值得教师去思考和研究，因为这样做不但可以吸引学生，还可以把他们课外的生活、兴趣和经验与课堂学习建立联系。这也有利于他们理解现代技术在课堂中应用的价值。

还有一点需要记住的是，学生一旦坐到计算机前就很容易忘记教师的存在，更主要的是他们甚至忘记自己为什么来，教师要确保学生有一个清晰明了的任务以及一个完成该任务所需的时刻表。

一旦学生从计算机上获取了你希望他们找到的信息,你就要把他们领回教室进行下一个教学环节,即对刚才通过网络完成的任务进行总结和梳理,同时做一些较为熟悉的跟进活动来结束这节课。

"影星"就是基于以上结构的一个教案范例,教师可以把它作为自己编写教案的考参模板。需要注意的是它与传统的教材没有本质上的区别,可能这种材料的最大价值就是它能激发学生的学习兴趣:真正的明星在真正的节目里接受采访。再加上与大多数网站一样,网上材料鲜明的时代性也使该网站成为理想的教学资源。

该课对象的语言水平介于中上和高级水平之间,主要内容是关于著名影星及他们的生活和工作情况。涉及的语言功能包括:问答、信息处理以及兴趣表达等,学生还将尝试访谈技巧及如何在社交中与他人交流。

(1)课堂热身。通过让学生谈论他们最喜爱的影星及其作品来引入主题。此时,简单的全班讨论就可以达到热身目的,不过教师要准备引导学生谈论不同的话题:最喜欢的电影,最近是否去过电影院,即将上映的影片,最佳及最糟糕的电影等(表4-3)。

表4-3 课堂热身话题

Sample warmer
Talk to your partner.
· What kind of films do you like?
· Who are your favourite actors?
· What's the best film you've ever seen?
· What's the worst film you've ever seen?
· When did you last go to the cinema?

如果有机会,学生想采访哪位影星?最想问那位影星什么样的问题?

(2)浏览网络。让学生浏览网站内容,找出他们感兴趣的一位演员。需要注意的是,网上提供的全是采访录音,没有文字。网站上可选择的内容很丰富,所有采访都是按年来归档的。

让每位学生选一个采访去听,要求他们把主要话题记录下来,并分析采访的结构,即采访者与被采访者之间的交流是如何开始、如何展开的,可参考表4-4。

表 4-4 采访任务

```
Sample task sheet
 Listen to your chosen interview.
 · Who was interviewed? Who was the interviewer?
 · What topics were discussed?
 · How did the Interviewer construct the interview?
 —introduction
 —initial questions
 —reactions to answers
 —follow-up questions and comments
 —contusions
 · How did the Interviewee react?
 —getting started
 —answers to questions
 —additional information
 —contusions
 · Make a note of some of the useful interview expressions
```

（3）任务总结。让每位学生汇报自己所听的内容，包括被采访者是谁以及采访的主题等。他们找到的信息有哪些？想了解而没有找到的信息有哪些？

用外语与某人展开一场对话是很难获得的技巧，请学生说说他们所听的采访中，采访者与被采访者之间是如何展开对话的。把学生提到的语言和技巧写在黑板上进行分析，了解其结构、目的等。

3. 网站教学模式中的注意事项

做好详尽的教案设计和有计划、按步骤地将网络引入课堂可以让教师有信心尝试不同的教学方式。

通常，网络的使用是为了给学生提供他们可能不知道或接触不到的知识和内容，或者是对传统学习材料的补充。网络的使用可以大大提高学生的学习兴趣及语言的输出量，全班同学的共同成功也就有了更大的可能性。需要注意的是，看似特别热闹的网站（比如有很多动画、录像、录音或其他多媒体内容）并不一定是最有吸引力或最有用的。不要忽视基于文字的简单网站，它们也有可能会非常适合学生。

但是，在运用网络教学时，难免会遇到问题，下面是教师需要思考的几个问题及一些临时的解决对策。

（1）使用现代教育技术，也要有一个备用方案。一旦出现网站被关闭、计算机死机或停电等状况，还能正常教学。

（2）可以请其他教师或学生来解决技术方面的问题。教师能常常与新手教师组成小组一起上课，这样可以帮助他们解决偶尔出现的技术性问题，同时让他们有足够的自由去尝试利用技术进行教学。请有技术特长的学生帮忙既可以减轻教学压力，也可以让他们为班级做出贡献。

（3）除了让学生通过电子邮件与笔友进行交流、学生独立在计算机上完成的活动以外，一般情况下，学生活动以两三人一组为宜（两人最好），不过要确保组里的每个学生都有上机的机会。两人活动和小组活动可以鼓励学生进行口头交流，从而打破采用技术的课堂常常会出现的"计算机成了障碍"的问题情况。如果教室里只有一台计算机，那么可以以小组为单位轮流上机，不上机的小组可以去做其他活动，比如准备海报或写作文等。

（4）教师和学生所看到的所有内容并非都适合学生学习。互联网的妙处就在于它可以为无数不同兴趣及不同品位的人提供不同的材料，从而满足不同人的不同需求。也正因如此，在浏览网页的时候也会遇到无法确定的内容，学生也一样。一般而言，教师可以引领学生就"什么样的内容是健康的"这一话题展开讨论，这样就足以让学生自觉地抵制诱惑，不去浏览内容不好的网站。但是，如果教师工作的地方对网络的管理很严格，那么就需要采取一些必要措施，比如安装过滤软件。

（二）在线参考工具教学模式

在线参考工具如在线词典、在线翻译工具在英语教学中发挥着重要的作用，教师可以及时借助在线工具辅助教学。

1. 字典

无论学生是用双解、英汉还是英英字典，无论是纸质的还是电子字典，相比十年前，现在可挑选的字典的种类要多得多。

当然，也有学生带来掌上电子字典，字典有翻译功能和单词发音功能；另外，学生还会带一本口袋大小的双解字典。但是这种掌上电子字典的内容常常是不准确的，如果条件允许的话，应该给学生推荐几款质量比较好的电子字典。

其实，几款主要的学生英文字典都带光盘，这些光盘通常有以下所有或其中一些功能。

- 可搜索（不是按字母顺序排列的）
- 单词发音，通常有英英和美英两种发音方式
- 游戏和练习
- 典型错误揭示
- 可以做书签，可以个性化
- 同义／反义词典功能
- 基于语料库的频次信息

有些光盘甚至可以安装在计算机上，点击常用的文字处理程序或网上的生词时，可以自动给出恰当的字典释义。此外，网上也有一些免费的电子字典，不过功能有限，比如给出释义但没有发音功能。

显然，这些电子字典对于学生自学和课堂教学都是极为有用的资源。上课时，可以始终打开字典，以方便查阅单词的释义，如果能将计算机与投影仪或交互式电子白板相连，那你可以将字典的使用巧妙地纳入日常教学当中，也可以更有效地开展字典使用培训环节。

下面对同义／反义词典做简要的介绍。

虽然电子字典适用于各个层次的学生，但要记住，同义／反义词典一般适用于中级和高级水平的学生，而不适用于初级水平的学生，因为他们会遇到很多陌生词。对于高水平的学生来说，同义／反义词典可以帮助他们丰富和扩大词汇量，而对于低水平的学生而言，同义／反义词典所提供的语言太过丰富，容易让他们无所适从，也无法直接使用。

同义／反义词典对于写作极其有用。它鼓励学生在创作时更大胆，同时也帮助他们更好地分析自己写出的内容。下面这个活动可以用来向学生介绍同义／反义词典是什么以及如何使用的。如表 4-5 同义／反义词典教学设计示例。

表 4-5　同义／反义词典教学设计

高级班学生同义／反义词典教学			
1. 情感——在这些单词中找出不属于同类的单词。			
disappointment	misfortune	blow	shame

续表

happiness	blessing	elation	joy
anger	fury	rage	disgust
love	adulation	optimism	affection
envy	jealousy	resentment	relief
disgust	abhorrence	discouragement	abomination
fear	suspicion	angst	anxiety
hope	anticipation	longing	excitement
confidence	enthusiasm	assurance	resolution
regret	moodines	contrition	colorful

2. 现在给每一个挑出来的单词找到一个同义词。它们在什么语境中使用？
3. 你可以给每个挑出来的单词想出一个反义词吗？（你可以借助同义/反义词典。）

当他们明白如何使用同义/反义词典后，让他们再回去读一读自己的作文，看看自己用得过于频繁的单词和短语，然后鼓励他们利用同义/反义词典找到一些可以替代的语言，从而使自己的写作更有趣，用词也更丰富多彩。这种对语言的精雕细琢在备考阶段尤为有用，因为如果学生能拥有个人特色的写作风格，就可以从无数考生当中脱颖而出。

2. 语料检索系统与语料库

语料检索系统跟搜索引擎有很多相似之处，它其实就是一种小程序，能从大量语言材料中检索出某些单词或短语。语料检索系统通常被认为是语言研究者的专属领域，或者是语法参考书和语言学领域大部头专著作者使用的工具。

语料检索系统需要用到一个程序和一个语料库，也可以是一大篇需要分析的文字。语料库里包含各种资源：有从报纸杂志搜集到的书面语言，也有从收音机和电视节目或从街头录下的口头语言。语料库中的文字都是做了标签的，也就是说每个单词都有详尽的描述，包括它所在的位置，它与句子中其他单词的关系，它出现的频率，等等。通过语料检索系统检索语料库中的某个单词的用法，就会看到一些排列好的句子，检索词在屏幕的中间，每个句子的两边都留出足够多的单词帮你理解该句的意思。下面这个例子中（表4-6），可以看到单词 since 和 for 在口语语料库中的使用情况。

表 4-6　since 和 for 在口语语料库中的使用

1	He said well you've been right since Christmas and if you say it is. Aren't you?
2	No I haven't been out since Boxing night! what are you
3	Obviously the law has been updated since eighteen ninety three.
4	You know what, I had haven't sat down since half past seven.
5	What you do is how old it was. Mm So he said oh no since I left.
6	And lives on there. Well I've known Derek since I was six weeks old.
7	The EEF has been promoting hard since last October.
8	We've had that law since nineteen sixty eight.
9	I'm asking, I've been here since Saturday now I've sat here
10	They're married and they've been married for a couple of years I reckon
11	You shouted of said oh l just come up for a few days. Btair had to took
12	We've still got that tape for a couple of a weeks.
13	But when he goes back to work now for a couple of days it'll take of February or so.
14	So he was only for a couple of days then?
15	Mate! Are you cheeky! Had a sore throat for a couple of days!
16	It won't be like it for a couple of years.
17	Who's friend of Mat's? That's right yeah, for a little bit,
18	That'll say ah yeah we've been doing this for a little while

从这些简单的例句中可以推断出 for 和 since 的基本使用规则，从而体现出语料检索系统的功能有多么强大，这样的活动完全可以适用于初级水平的学生。

在使用语料检索系统时，可以选择下载并安装一些语料库在自己的计算机上，或者也可以使用在线语料库。通常，语料检索程序是需要付费的，但网站却是免费的。

（1）语料库。在选择语料检索系统时，除了价格和软件操作的难易程度，主要评价标准还包括教师需要的语言类型：口语还是书面语，美语还是英语，法律用语还是新闻用语等等。根据需要选择相应的语料库，不同的选择所得到的结果也不同。

（2）在课堂中的使用。教师不禁要问，到底该如何把这些数据用于教学呢？它是否仅仅适用于水平比较高的学生呢？第二个问题的答案肯定是"不"，因为前面介绍的 for 和 since 的检索结果就已经说明这一点了。那些例句完全可以给初级水平的学生看，让他们思考并讨论这两个词的用法。第一个问题需要稍微长一些的篇幅来回答。

可以根据语料库来出测试题或模拟题，比如完形填空。对于高级水平的学生来说，语料库在教学中可以作为一个非常有用的参考工具，在学习比较复杂的语言时可以利用它。比如，"glisten 和 glitter 的区别是什么？"平行语料检索系统可以比较两种或多种语言的用法，可以用它来探索语言结构在母语和外语中有什么异同。

表 4-7 为一节示例课，内容是关于 go to（+the）的用法。请注意，我们在检索时要求检索结果按检索词右边的单词排序，也就是说所有句子中检索词右边的单词是按字母顺序列出的。这样就可以一目了然地看出 go to the 和 go to 后面通常都跟哪些词，以及它们出现的频率。检索系统还可以按照检索词左边的词排序。

表 4-7　完形填空示范课

1. York greenbelt to protect Skelton. It is, xxxxxx, a function of Skelton to
2. Mhm and erm speaking about it xxxxxx and in mentioning about the
3. were a mythical thing. xxxxxx, as we write these continuous
4. Northern Region support a Special Report. xxxxxx, at our pre-congress meeting,
5. On the way to improved working conditions. xxxxxx, before these aims can be
6. want to get through the business we can and xxxxxx busy we are, erm.
7. I wouldn't be doing that quite quickly. Can I start, xxxxxx, by telling you what this case
8. the problems that might arise erm there is, xxxxxx, cause for some er optimism
9. they won't be inheriting anything anyway xxxxxx close they may be. And the
10. know I reckon or when it is…Yeah, xxxxxx did they employ him? He's had.
1. 句子中缺失的词是什么？
2. 你是怎么填出这些词的？（根据位置、标点等）
3. 你是否可以总结这个单词的用法？
4. 例句 6 和 9 中的单词用法与例句 10 中的有什么不同？
答案：1. 缺失的词是 however。2. 它常常用在句子的开头，后面紧跟着一个逗号。当它用在句子中间时，它的前后都会有一个逗号，表示停顿。3. 它常常用来引出一个不同的观点。4. 在第 6 和第 9 句中它表达的意思是"不论……"。在第 10 句中它可以被"为什么"代替

可以把检索结果中的目标词去掉，让学生填出来。虽然这个过程看起来很简单，但在做的时候往往比看要难得多，而且只适用于高级水平的学生。确保所选例句逻辑关系足够清晰，这样学生才能把句子补充完整。

虽然语料检索的确很有用，但是它也会给课堂秩序带来混乱。由于学生对有些语言现象不熟悉，他们的注意力就会受到干扰而转移，也就容易脱离本节课的主要教学目标。

像这样能给学生带来大量丰富语言材料的工具在使用时需谨慎,如果这种发现的过程有助于学生更好地理解当时正在讲授的内容,那么在充分思考之后再去用它。此外,需要对检索结果做一些处理,以 word 文档的方式呈现给学生,而不要让学生直接到检索系统中去查看。即便在只有一台计算机的教室,语料检索系统也是一个得力的好帮手。

无论采用什么方式,为确保语料库适用于你所教的内容,最好事先测试一下检索结果,以免对学生可能检索到的内容一无所知。除此之外,还要确保学生在使用这个工具时没有什么压力,让他们自由地去观察检索出的结果而不要让检索过程干扰他们的注意力。

3.用于语言分析的翻译软件

翻译软件现在并不成熟,很多时候它的翻译质量让人不敢恭维。但是,还是应当了解翻译软件,它的在线翻译速度很快,但它也只能准确翻译出单个的单词或非常简单的短语,而大段的长句子则常有错误。

下面这个例子中(表4-8),回译的英语并不完美,即把一篇文章从 A 语言翻译成 B 语言,再从 B 语言翻译回 A 语言。只将西班牙语翻译成英语,还是可以让人明白。

表4-8 回译

这篇文章由在线翻译程序从英文翻译成西班牙语,然后再把它翻译回英文。可以看到,这个翻译并不完美。两个人一组,试着把原来的英文写出来。 Translation back into English Hi! My name is Gerard Hunt and I am English professor and technologist. Alive and work in Caracas, Venezuela, and l have here been by 17 years. Work with two colleagues, and we specialized in line in the education. Caracas is a great place and really joy living here. There is abundance to do-the museums, the stores, the cinemas and the galleries of art and the food and the wine are great! Original text Hi! My name is Gerard Hunt and I am an English teacher and technologist. I live and work in Caracas, Venezuela, and I've been here for 17 years. I work with two colleagues, and we specialise in online education. Caracas is a great place and l really enjoy living here. There's plenty to do—museums, shops, cinemas and art galleries and the food and wine are great!

博客、维基和播客都属于社交软件或计算机工具，这些软件让人们实现了在线的联系、交流与合作。博客（Blog）本质上就是网络日记，Blog是Weblog的缩写。维基（Wiki）实际上是一个合作性的网络空间，它的内容可以由任何访客进行编辑。播客（Pod cast）是通过网络传播的一段音频或视频文件，人们可以把它下载到本地机或类似Mp3这样的移动装置里去收听/观看。虽然这三个工具是不同的，但是在课堂教学应用中，它们有共同的特点。

（三）英语语言教学中的博客和播客模式

1. 博客

最常见的博客是个人博客，人们会在属于自己的网页上定期发表评论、随想、分析、日常生活点滴、有趣的链接、笑话或其他内容。博客可以只有文字，也可以附上图片或照片，甚至可以有音频和视频。

大多数博客都允许读者对博客内容发表评论，这样大家可以创造一个网络社区，对一个共同的话题、兴趣或人展开交流。因此，博客也被称为社交软件，人们通过博客相互认识，相互交流，建立联系。有的博客还提供博客链接，即博主喜欢的其他博客的链接地址。这样，博客群可以不断扩大。

教师、学生或班级都可以设立和使用教育博客。教师可以利用博客给学生提供时事新闻和评论、额外阅读作业或家庭作业、网络资源链接、为缺课同学提供课堂教学总结以及学习指导，等等。学生可以在课外浏览博客内容并留言。由教师设立并维护的博客叫教师博客（teacherblog）。教师可以允许学生在博客中留言。

教师可以鼓励学生开设并维护自己的个人博客，即学生博客（studentblog）。教师可以要求学生每周更新博客一两次或根据情况提出合理的要求。内容可以是多样的，从对时事的点评到日常生活的描述都可以。同学或其他班的学生甚至是其他国家的学生都可以去学生博客留言。

第三种博客是班级博客，也就是全班一起使用的博客。同样，这个博客也可以用来对一些话题、课堂活动或教师认为有趣或与学生相关的议题发表看法。在班级博客中，所有学生都在同一个博客中发言。

下面列举了一些你可以在教学中使用博客的方式（表4-9）。所有这些博客都可以包含照片，这些照片可以是学生自己拍的，也可以是从免费照片分享网或剪贴图库中下载的。

表 4-9 教学中使用博客的方式

教师博客	学生博客	班级博客
·布置家庭作业	·个人和家庭信息（包括照片）	·对一部电影、一篇文章、班级关注的焦点话题、时事等发表的评论
·提供课堂教学内容小结	·与课堂学习内容相关的额外写作练习	·学生们喜欢/不喜欢的班级活动
·提供额外阅读/听力材料的网址链接	·对时事的定期点评	·任何主题的班级项目
·问与答（比如关于语法的或课堂学习内容的）	·对某一话题的研究及信息（比如关于一个以英语为母语的国家的信息）	
·测试/学习指导	·关于学生的国家、上次度假或家乡的照片展	

显然，在课堂中使用博客有很多好处。它让学生有在现实生活中练习书面英语的机会，如果是用于国际交流活动中，它还可以使学生有机会跟全世界其他国家的学生建立联系。即使学生博客或班级博客没有跟其他国家的学生形成共享群，博客也是在网络上的开放空间，理论上说任何人都可以看得到，只不过只有被邀请的读者才有权限在博客上留言。

在建立学生博客或班级博客时，教师需要考虑的一个事情是纠错问题。由于博客是对大众开放的，学生总是希望自己写出来的东西尽量准确，因此，在学生把作品贴到博客里之前，教师需要给学生足够的时间进行写作、回看、修改、检查等工作。教师可以让学生在文字处理程序里先写好博客，然后鼓励两人一组进行互评，这样也可以帮助学生写出准确度较高的文章。

教师还需要考虑如何评价的问题。鉴于学生博客和班级博客主要是书面作业，博文也是可以用来作为成绩评定的一个方面的。如果教师打算把博文作为书面作业的一部分纳入成绩评定，那么评价标准需要事先跟学生说清楚。评价标准中可以包括用来评价传统书面作业的一些标准，比如准确度、流利度、连贯性和相关性等，但也可以包括一些用来评价电子媒体的标准，比如视觉材料使用是否有效，总的视觉感受，博文的长度和对读者的关注度等。

原先那版网页恢复也变得非常容易。

2. 语言教学中的播客

与播客最接近的词是广播或电视节目，所不同的是你任何时候想听或想看你喜欢的节目都可以在播客上实现。你可以通过 RSS（播客下载软件，具体介绍参见第 12 章）将播客自动下载到计算机上。一般来说，播客的节目可以是不定期发布的也可以是定期发布的，比如每天或一周一次。播客的内容可以涉及任何话题，也可以配上音乐和录像。视频播客也被称为 Vodcasts 或 PodClips。播客的长度不等，可以是几分钟，也可以长达一小时或更长。播客的内容可以是原创的，也可以是为语言学习者特别制作的。

播客指南是可以查找播客的地方。你和你的学生可以点击一个类别，然后浏览出现的播客，你可以先试听，然后订阅你感兴趣的内容。

播客在教学中主要有两大用途：首先，是学生可以听别人制作的播客，其次，是他们可以制作自己的播客。在高等教育领域这已经越来越普遍了，比如教授会把自己的讲课内容录下来制作成播客放到网上，这样缺课的学生就可以把讲课内容下载到计算机或如 MP3 这样的移动设备上自学。有时这种做法叫作课程播客，教授们可能会把录好的标准讲课内容录像放到网上，也可能会定期给学生录制新的播客。播客还可以用于教师培训，受训教师可以观看教学方法播客。

教语言的教师可以引导学生去网上寻找已有的播客进行自学，或在课堂上通过计算机让学生收听。教师既可以使用专门为 EFL 或 ESL 学生制作的播客（如在 Englishcaster 指南中找到的资源），也可以使用原创的播客。教师还可以鼓励学生找到自己感兴趣的播客，在课余时间定期收听。

EFL 或 ESL 播客有适合不同语言水平学生的内容，所涵盖的话题也很丰富，从词汇学习到话题讨论、笑话以及歌曲学唱。对于语言水平较高的学生来说，你可以鼓励他们去定期收听原创播。

更具挑战性也更有益的做法是让学生制作自己的播客。学生播客可以是一次性的，做完后就保存在网上；也可以是定期的，即学生就不同话题制作一系列播客，类似于广播节目。

二、网络技术在英语课程中的实际应用

计算机网络技术与英语课程的融合,我们通过以下几个案例进行分析,让我们更好地理解计算机网络技术在英语课程中的运用。

(一)案例一:Learn the color

教学目标见表 4-10、表 4-11,多媒体网络资源的运用见表 4-12,教学过程见表 4-13。

表 4-10 知识目标

课题	知识点	教学目标			
		识记	理解	分析综合	应用
Learn the color	New words red yellow orange green purple	√	√	√	
	Sentences: I have a bad. It's red.		√	√	√
	Stories		√	√	√

表 4-11 具体目标

知识点	教学目标	描述语句
New words	识记,理解,分析综合	认读单词,理解词义
Sentences	理解,分析综合,应用	准确地听,说,读句子
Stories	理解,分析综合,应用	创设情境,灵活运用,拓展学习,会话表演

表 4-12 多媒体网络资源运用表

知识点	学习水平	媒体形式	媒体内容要点	媒体运用	使用方式
Words	识记,理解,分析综合	图片,文本,音频	有趣的图片,已学单词	激发兴趣	热键播放
Sentences	理解,分析综合,应用	Flash 动画,音频,文本	有趣的 Flash 动画片断,新句型	整体感知	热键播放
		图片,文本,音频	新单词、新句型	理解词义,熟读句型	热键播放

续表

知识点	学习水平	媒体形式	媒体内容要点	媒体运用	使用方式
Stories	理解，分析综合，应用	Flash 动画，音频，文本	Flash 故事动画 Little girl and seven clouds	提供网络阅读资源为学生自编自演英语小故事	热键播放

（二）案例二："Our Big Family"教学

1. 教学目标

学生掌握课本中有关用英语介绍地理位置、介绍自己的假期计划、食物和饮料类及家族谱和人物描述的知识外，围绕专题，利用网络资源进行拓展性的学习。培养学生爱家乡、爱祖国的情感；培养学生利用网络进行自主探索、协作学习的能力；培养学生综合运用英语进行交际的能力。

2. 教学内容

（1）课内内容包括：①第三册 Unit One Clothes；②第三册 Unit Four People；③第六册 Unit Four What Are They Going To Do。

（2）课外内容包括：① Our Hometown；② The Famous People In China；③ Chinese Food。

3. 教学模式

注重任务驱动式教学，突出语言的实践性、交际性、真实性和实用性；注重信息技术与英语课堂的优化整合；注重培养学生的协作学习能力和信息素养；通过网络，加强校际之间的交流，共同发展，共同提高，具体如图 4-2 所示。

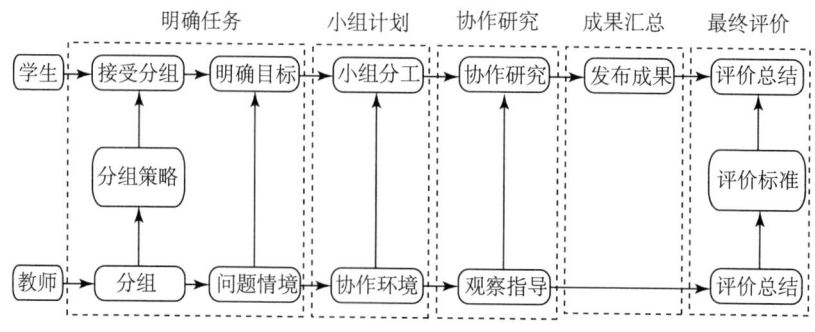

图 4-2 教学模式示意

4.教学评价

（1）课堂活动问卷。课内对话交流、角色表演、课堂上游戏、课堂上练习。

（2）思维技能测试。课外自编对话、英语小作文、英语小话剧。

（3）专题练习。课内情景对话、看图编演故事或对话、相关资源搜集制作幻灯片、填写调查表。

（4）专题测试。课内听力测试、笔头测试、口头交际。

（5）专题作品。课内或课外电子板报、PPT文稿、网页设计。

第五节　课外教学模式

课外教学是课堂教学的延伸，为学生更好地接触和使用英语提供了更为广阔的天地，有助于培养学生的语言学习兴趣。

教师可以采取以下方法来实施课外教学。

一、英语电影欣赏

利用生动直观的学习方法，为学生语言能力的提升提供了环境与氛围，使大脑对接收到的语言信息的印象和理解更加深刻。而英语影片中鲜明的画面、剧情、人物、音乐以及语言可以激发学生学习英语的热情和兴趣。

（一）观赏英语电影的重要意义

英语电影的欣赏是一种有效的教学方式，教师可以充分利用英语电影，让学生在学习和成长中收到意想不到的效果，为学生英语交际能力的提高打下坚实的基础。

1.帮助学生掌握英语词汇的表达方法

在观看电影过程中，将影片中人物、场景、语言等信息与平时所学结合，植入语言的实际交流中，为学生创造真实的语言学习环境。对英语学习常用词汇正确表达方式的掌握，可以提高学生实际运用语言的能力，增强语言综合运用意识。

2.锻炼学生交际能力

在准确把握和使用英语的同时，要了解与英语相关的文化背景知识，运用到现实的交际环境中。语言是文化的载体，而电影则丰富了文化载体。在英语电影中涉及的社交礼仪、风土人情、政治历史等，全方位、直观地展现了使用英语国家的文化。

3. 学生发散性思维的培养

教师在利用英语电影教学中，要关注学生发散性思维的培养，应鼓励和引导学生进行反思和质疑，可以让学生改编剧本的具体章节和情节片段。使学生接收到丰富直观的语言信息，掌握表达方式，在不同文化的语境中提升思考问题和创作的能力。

4. 激发学生学习英语的兴趣

观看英语影片能激发学生学习英语的兴趣，让影片中唯美的画面、音乐、剧情发展，给学生带来精神上的愉悦体验，让他们享受到感官被迅速调动起来的快感，自觉接受影片带来的大量信息，最大限度地提高学习与模仿的兴趣。

（二）看电影学英语要掌握的原则

一是，选择适合英语学习的电影，也就是择片原则。

二是，不选择内容高深莫测的电影，即简单原则。

三是，将影片中精彩片段背诵下来的背诵原则。

四是，反复观看影片，直到完全看懂、听懂的重复原则。

五是，在电影中分析其精华信息，也同时泛看些自己喜欢的电影，这就是精泛结合原则。

六是，可以模仿经典电影中对白的模仿原则。

七是，在短时间内突破的突击原则。

八是，选择演员发音标准的电影，可以让学生模仿出准确的语音。

（三）学生观赏英语电影的引导

如何引导学生进行英语电影观赏，让学生在玩的过程中模仿英语是教师需要考虑的问题。一部优秀的电影可以让学生获益良多，如表4-13中所提及的优秀电影名称以及一些电影常用到的词汇集锦。

表4-13 电影名称及常用词汇

推荐电影名录	1.《鲨鱼故事》 2.《霍顿与无名氏》 3.《冲浪企鹅》 4.《冰河世纪Ⅰ-Ⅲ》

续表

推荐电影名录	5.《海底总动员》 6.《小鹿斑比》 7.《快乐的大脚》 8.《酷狗马马杜》 9.《狐狸爸爸》 10.《狐狸与猎狗》 11.《人猿泰山》 12.《玩具总动员》 13.《小美人鱼》 14.《美女与野兽》 15.《别惹蚂蚁》 16.《芭比之十二芭蕾舞公主》 17.《芭比娃娃与飞马魔法》 18.《芭比公主之钻石城堡》 19.《芭比与魔幻飞马之旅》 20.《芭比彩虹仙子之魔法彩虹》 21.《芭比之花仙子》 22.《芭比之时尚童话》 23.《芭比之时尚童话／芭比之时尚奇迹》 24.《芭比之美人鱼历险记》 25.《四眼天鸡》 26.《恐龙》 27.《怪物史莱克》 28.《埃及王子》 29.《白雪公主和七个小矮人》 30.《机器人总动员》 31.《阿拉丁神灯》 32.《小鸡快跑》 33.《仙履奇缘1：灰姑娘》 34.《仙履奇缘2：美梦成真》 35.《仙履奇缘3：时间魔法》 36.《101斑点狗》 37.《小马王》
其他	1.《华尔街》 2.《拜金一族》 3.《颠倒乾坤》 4.《锅炉房》 5.《硅谷传奇》 6.《可口可乐小子》

续表

其他		7.《发达之路》 8.《优势合作》 9.《巴塞罗那》 10.《阿甘正传》 11.《当幸福来敲门》 12.《肖申克的救赎》	
电影常用词汇	起居类相关词汇	卧室	blanket 毛毯 feather quilt 羽绒被 cushion 垫子 cotton quilt 棉被 quilt 被子 bedding 床上用品 mosquito net 蚊帐 sofa bed 沙发床 pillow 枕头 bedspread 床罩 pillow case 枕套 sheet 床单 tick 褥子 mat 席子 carpet 地毯
		厨房	refrigerator 冰箱 apron 围裙 automatic rice cooker 电饭锅 tableware 餐具 steamer 蒸锅 plate 盘子 oven 烤箱 dish 碟子 grill 烧烤架 bowl 碗 toaster 烤面包机 cupboard 碗橱 egg beater 打蛋器 dining table 餐桌 paper towel 纸巾

续表

电影常用词汇	起居类相关词汇	卫生间	bathroom 浴室，厕所 urinal 小便池 flush toilet 抽水马桶 toilet paper/tissue 卫生纸 drainage 排水道 toilet brush 马桶刷 toilet seat 马桶坐圈
		浴室	bathtub 浴缸 bath towel 浴巾 hand shower 手握式淋浴器 soap stand 肥皂盒 shower nozzle 喷头 comb 梳子 soap 肥皂 tap faucet 水龙头 plastic curtain 防水浴帘 shampoo 洗发露 shower cap 浴帽 conditioner 护发素 bath slipper 洗澡用拖鞋 dryer 吹风机 bath mat 防滑垫 razor 刮胡刀 towel hanger/holder 毛巾架 toothpaste 牙膏 towel ring 毛巾环 toothbrush 牙刷
		桌椅	tea table 茶几 corridor 走廊 coffee table 咖啡台 elevator 升降电梯 smoking set 烟具 folding chair 折叠椅 ashtray 烟灰缸 thermos bottle/vacuuming bottle 热水瓶
		柜子、架子	wardrobe 衣柜 hook rack 挂钩架 hook 钩子 TV bench 电视柜 shoe cabinet/storage 鞋柜 bookcase 书架 wall cabinet 壁橱

续表

电影常用词汇	起居类相关词汇	家用电器	pail 洗衣桶 radiator 暖气片 ironing board 烫衣板 electric fan 电扇 steam and dry iron 蒸汽电熨斗 desk/table lamp 台灯 electric iron 电熨斗 wall light 壁灯 laundry drier 烘干机 flashlight/eletric torch 手电筒 washing machine 洗衣机
旅游相关词汇	room rate 房价 baggage receipt 行李收据 standard rate 标准价 trolley 手推车 advance deposit 定金 travelling bag 旅行袋 reservation 订房间 shoulder bag 背包 registration 登记 trunk 大衣箱 porter 行李员 suitcase 小提箱 luggage/baggage 行李 international flight 国际航班 registered/checked luggage 托运行李 domestic flight 国内航班 flight number 航班号 baggage elevator 行李电梯 airport 机场 international terminal 国际航班 domestic terminal 国内航班候机楼		
学科相关词汇	Chinese 语文 Philosophy 哲学 English 英语 Engineering 工程学 Japanese 日语 Medicine 医学 Mathematics 数学		

续表

学科相关词汇	Social science 社会科学 Science 理科 Agriculture 农学 Gymnastics 体育 Astronomy 天文学 History 历史 Economics 经济学 Algebra 代数 Politics 政治学 Geometry 几何 Accounting 会计学 Geography 地理
	Law/Jurisprudence 法学 Biology 生物 Banking 银行学 Chemistry 化学 Finance 财政学 Biochemistry 生物化学 Journalism 新闻学 Physics 物理 Architecture 建筑学 Physical geography 地球物理 Accounting and statistics 会计与统计 Literature 文学 Sociology 社会学 Business administration 工商管理 Linguistics 语言学 Library 图书馆学 Psycology 心理学 Diplomacy 外交
世界著名旅游胜地相关词汇	**Asia 亚洲** Angkor Wat,Cambodia 柬埔寨吴哥窟 the Himalayas 喜马拉雅山 Great Wall,China 中国长城 Bali,Indonesia 印度尼西亚巴厘岛 Forbidden City,Beijing,China 北京故宫 Borobudur,Indonesia 印度尼西亚婆罗浮屠 Mount Fuji,Japan 日本富士山 Sentosa,Singapore 新加坡圣淘沙

续表

世界著名旅游胜地相关词汇	Taj Mahal，India 印度泰姬陵 **Africa 非洲** Pyramids，Egypt 埃及金字塔 the Nile，Egypt 埃及尼罗河 Great Barrier Reef 大堡礁 Westminster Abbey，England 威斯敏斯特大教堂 Sydney Opera House，Australia 悉尼歌剧院 The Mediterranean 地中海 **Europe 欧洲　The Americas 美洲** Niagara Falls，New York State，USA 美国尼亚加拉大瀑布 Yellowstone National Park，USA 美国黄石国家公园 Arch of Triumph，France 法国凯旋门 Statue of Liberty，New York City，USA 美国纽约自由女神像 Elysee Palace，France 法国爱丽舍宫 Louvre Museum，France 法国卢浮宫 Times Square，New York City，USA 美国纽约时代广场 Leaning Tower of Pisa，Italy 意大利比萨斜塔 White House in Washington，D.C，USA 美国华盛顿白宫 Venice，Italy 意大利威尼斯 Central Park，New York City，USA 美国纽约中央公园 Parthenon，Greece 希腊巴台农神庙 Red Square in Moscow，Russia 莫斯科红场 Metropolitan Museum of Art，New York City，USA 纽约大都会艺术博物馆
教育相关词汇	register/enrol 登记、报到 required course 必修课 opening ceremony 开学典礼 optional course 选修课 lecture 报告 kindergarten 幼儿园 elementary education 初等教育 degree 学位

续表

教育相关词汇	bachelor 学士 secondary education 中等教育 higher education 高等教育 Master 硕士 Expert 专家 adult education 成人教育 doctor of Philosophy 博士 nursery school 托儿所 primary/elementary school 小学 consultant 顾问 secondary school 中学 coordinator 班主任/协调人 juniorhigh school 初中 professor 教授 lecturer 讲师 senior high school 高中 associate professor 副教授 attached middle school 附中 technical school 技校 adviser/mentor 导师 undergraduate 本科 counselor 辅导老师 assistantship 助学金 course arrangement 课程安排 scholarship 奖学金 application form 申请表 room and board 食宿 school of Arts and Sciences 文理学院 auditorium 礼堂 credit system 学分制 project 学生独立钻研的课外课题 mark/score/grade 分数 schedule=school timetable 课程表 presentation 针对某一专题发表的演讲 individual study 自习 English evening 英语晚会 paper/thesis/dissertation 论文 after-school activities 课外活动 letter of recommendation 推荐信

续表

教育相关词汇	social investigation 社会调查 journal 周记 culture 文化 diploma/graduation certificate 毕业证书 primary education 初等教育 secondary education 中等教育 tuition 学费 report card 成绩单 higher education 高等教育 the three Rs 读、写、算 diploma 毕业证 school year 学年 term/trimester 学季 pupil 小学生 semester 学期 student 大学生 school day 教学日 schoolboy 男生 school holidays 假期 schoolgirl 女生 curriculum 课程 auditor 旁听生 subject 学科 swot/grind 用功的学生 discipline 纪律 Old boy 老生 timetable 课程表 class/lesson 课 grant/scholarship/fellowship 奖学金 homework 家庭作业 holder of a grant/scholar/fellow 奖学金获得者 exercise 练习 dictation 听写 school uniform 校服 spelling mistake 拼写错误 teaching staff 教育工作者（总称） （short）course 短训班 professor 教授 seminar 研讨班 associate professor 副教授 playtime/break 课间，休息

续表

教育相关词汇	to play truant/to play hooky 逃学，旷课 counselor 辅导老师 course（of study）课程 course arrangement 课程安排 student body 学生（总称） application form 申请表 classmate/schoolmate 同学 paper/thesis 论文
饮料相关词汇	mineral water 矿泉水 champagne 香槟酒 orange juice 橘子原汁 cocktail 鸡尾酒 lemon juice 柠檬原汁 whisky 威士忌 beer 啤酒 brandy 白兰地 white wine 白葡萄酒 red wine 红葡萄酒 soda water 苏打水

二、英语戏剧表演

英语戏剧可以激发学生的学习潜能，提高跨文化交际能力。在英语教学中，教师一般会以英语语法教学为主，改变教学模式，有意识地引导学生实际交际中英语知识的运用。而英语戏剧表演开发了学生的潜能，使他们在听、说、读、写、译等方面得到了充分的锻炼。所以，英语戏剧表演有利于学生的英语学习，同时教师通过为学生创造戏剧表演的情境，可以更好地与学生进行交流沟通，了解他们的需求。

（一）戏剧表演的重要意义

一是，改变了传统的教学模式，凸显了学生的主体地位。在传统的课堂教学中，教师常常是课堂的主宰，只是不断地向学生灌输知识，抹杀了学生在课堂中的主体地位，特别是语言技能的运用方面。然而英语戏剧表演的引用，为学生提供了充分的学习时间和空间，让他们积极主动地参与到英语学习中，不断地体会

表演成功的喜悦,从而提高英语的交际能力和英文素养。

二是,拓宽了文化视角,丰富了文化知识。学生通过戏剧表演的方式与课文内容结合,同时也学习国外的历史文化。在按照剧本情节的表演中,体验到了外国习俗礼仪和言语行为方式等特点,让学生能够更直观、更生动、更具体地感受和了解中西方文化的差异。

三是,突出创新精神,突破语言的局限。学生是一个富有创造力,也最勇于创新的群体。在这方面,戏剧表演使学生突破了语言层面的局限,既培养了他们的创新精神,也开发了他们的潜能,增强了思维的灵活性。

(二)学生戏剧表演的引导

对于学生戏剧表演的引导工作,是教师必须深思的一个问题。首先,应按照学生掌握英语的程度进行分组,将学生分成实力相当的小组。其次,各小组确定主题进入实际操练阶段:

第一步,准备工作,学生研读选定的片段,利用网络和图书资料补充相关材料并相互间交流结果。教师在此期间,要对学生不完备的地方加以补充,但要以学生活动为主。在进行这一步时,可以培养学生的自主学习能力、搜集和处理信息的能力、相互交流和探究问题的能力。研读结束后,学生将收集的资料改编成戏剧剧本,并根据剧本进行排练。

第二步,开始表演,每组的表演形式各异,重点在于体现出表演水平。

另外,教师可以鼓励学生自己编剧本。如教师提供一个故事情景,让学生在这个基础上,进行分组创作剧本,并在课堂上表演。

三、英语演讲

英语演讲能够极大地提高学生的口语能力、组织能力,还能增强学生的自信心。在西方学校,Public Speaking(公众演讲)课程已成为一门必修课。例如美国有95.3%的中学都设有英语公众演讲教育课。因此,在我国的英语教学中,教师也应该注重培养学生的英语演讲能力。

(一)坚持英语演讲

在课堂教学中,进行英语演讲训练是提高学生听、说、写能力的有效方法,但许多教师往往是"虎头蛇尾",无法坚持下去。英语演讲能力包括演讲者不重复或不停顿、快速地表达思想的流利性与发音、用词造句与思想内容前后一致的准确性。因此,既要克服胆怯的心理,也要修正那些不当的英语习惯表达方法。

教师只有做到以下几点,才可能让学生在口语表达方面做到流利与准确。

一是,发音标准,知识储备丰富,表达思想富有逻辑性。二是,开展形式多样的口语活动,创造语言环境。教材作为学生学习英语语言技能的原材料,起着指导的作用。三是,引导学生多读、多写、多译。

(二)引导学生进行英语演讲

1. 进行动员

教师要让学生明白开展英语演讲活动的目的和意义,引导学生观赏获奖的演讲视频等,激发他们对英语演讲的热情。

2. 演讲训练

第一步,教师指定题目、内容以及与此相关的关键词汇,让学生自己准备,之后轮流演讲。其间教师要特别注意和鼓励胆怯的学生,让他们能够鼓起勇气尝试演讲,告诉他们重要的是参与,表达是否流利与准确并不重要。第二步,训练学生的流利度。让学生听名人演讲,进行模仿。第三步,即兴演讲。

3. 采取针对性措施

一是,鼓励胆怯与沉默不语的学生。对这类学生,在演讲训练中,教师应让他(她)们担任评委的角色,通过评述或复述演讲者优美的词句来锻炼他们,不论这些学生表达如何,教师都应予以肯定和鼓励。

二是,激励鞭策胆大的学生。在演讲训练中,虽然有些学生口若悬河,却没有几句准确的句子。对于这类学生,教师应肯定其优点,再指出其缺点进行引导。

四、英文歌曲听、唱

让学生听喜欢的英文歌曲有助于培养学生良好的听力、正确的语音语调以及富有情感的表现力。

(一)英文歌曲对英语学习者的帮助

1. 对语感的培养

通过听英文歌曲培养学生的语感,可以提高学生交流的速度和质量。经常处于英文歌曲创造的英语环境中的学生,其大脑潜移默化地接受语感的训练。

因此，教师要把英文歌曲运用到教学中，强化学生的语感。例如口语课上，组织学生用独唱或合唱的方式进程歌唱表演，提升语感；听力课上，以抢答歌词的竞赛形式，加深对词汇的记忆；写作课上，采用填写歌词等形式，进一步加深词汇的记忆。

许多英文流行音乐的歌词汇集了大量地道的口语词汇，以及具备标准的发音，对学生学习英语有着重要的作用。

例如：wanna=want to

gonna=going to

ain't=am not or are not

2. 对发音的帮助

在英语歌词中，一些连读、弱读、略读、重读反复地出现，这就要求学生注意发音的变化，可以帮学生练习发音、语调和节奏。例如，歌词：

It takes a lot to know what is love

It's not the big things, but the little things that can mean enough

A lot of prayers to get me through

And there is never a day that passes by I don't think of you

You were always there for me pushing me and guiding me always to succeed

You showed me

when l was young just how to grow

You showed me

……

这首歌的歌词像一首抒情诗，歌手唱得舒缓流畅，其发音标准，易模仿，对学生地道口语的培养有很大的帮助。

3. 扩大词汇量，提升能力

单词的记忆是枯燥乏味的，而用歌曲的形式去记忆，可以获得较好的教学效果。教学中，教师运用歌曲辅助句型教学，使学生轻松达到英语运用能力的目的。学生在学唱英语歌曲时，必须先学会歌词中的英语单词，这样就将学习语法知识变得充满乐趣。

英语学习者单独地记忆单词，不如背句子，因此听英文歌曲在短期内，可以高效地记忆单词，英文歌曲中的句子更是值得记忆的句子。例如，"get"这个单词，在歌曲的用法：

（1）歌词"get back to where you once belonged"（by Beatles），get back 的意思是"回到"。

（2）歌词"get down and move it all around"（by Back Street Boys），get down 的意思是"放下"。

（3）歌词"think again before you get the wrong impression on your mind"（by Blues），get 的意思是"得到"。

（4）歌词"get so lonely, can't let, just anybody hold me"（by Jackson Janet）get 中的意思是"变成"。

（二）引导学生听、唱英文歌

1. 听唱英文歌曲分类

英文歌曲种类繁多，因此对歌曲的选择也是因人而异。根据学生水平选择英文歌曲来说，可以分为以下三类。

（1）初学者。对于初学者，首要目标是要帮助他们树立自信心，培养兴趣。可选一些节奏较缓、旋律轻柔、抒情的音乐。

（2）中级水平者。中级水平者多是很善于考试的同学，英语学得一般都不错。

（3）高级水平者。学习水平较高的同学可自由选择精听或泛听各种类型的音乐，也可去听一些 Rap（说唱乐）等有挑战性的音乐。

2. 举例分析

英文歌曲包含丰富的词汇量，在课堂教学中，教师要完整地唱出一首歌曲，最好将歌词呈现出来，之后结合这首歌的原唱，要求学生学会，甚至达到不看歌词也能唱出这首歌的程度。下列表 4-14 所示是一些优秀的歌词的分析，可以帮助学生了解。

表 4-14　优秀歌曲歌词赏析

序号	歌曲歌词	赏析
例 1	美国电影 Sound of Music（《音乐之声》）中的 Edelweiss Edelweiss Edelweiss Every morning you greet me Small and white, clean and bright You look happy to meet me Blossom of snow, may you bloom and grow Bloom and grow forever Edelweiss Edelweiss Bless my homeland forever	体会 bloom 和 blossom 的词性和用法，做到活学活用
例 2	Sound of Music（《音乐之声》）中的 Do—Re—Mi： Let's start at the very beginning A very good place to start When you read you begin with A—B—C When you sing you begin with do—re—mi Do—re—mi, do—re—mi The first three notes just happen to be Do—re—mi, do—re—mi Do—re—mi—fa—so—la—ti Let's see if I can make it easy Doe, a deer, a female deer Ray, a drop of golden sun Me, a name I call myself Far, a long, long way to run Sew, a needle pulling thread La, a note to follow Sew Tea, a drink with jam and bread That will bring US back to Do（oh—oh—oh） Do—re—mi—fa—so—la—ti—do So—do!	1. 介词短语 at the very beginning 2. 动词短语： begin with（从……开始） happen to be（碰巧） bring sb.back to （把……带回到） 3. 动词不定式短语、分词短语、介词短语作后置定语： a very good place to start a note to follow Sew a needle pulling thread a drink with jam and bread 4. make+ 宾语 + 宾补 Let's see if I can make it easier

第五章
跨文化交际下大学英语教学创新

语言与文化有着紧密的关系。语言既是文化的产物，又是文化的载体。一个人在学习使用一种语言的同时，也在学习相关的文化。语言教学就是文化教学，学习和使用外语的过程，其实就是一个跨文化交际的过程。

本章就重点从跨文化的视角来阐述我国大学英语教学。我国的大学英语教学目标，从培养学生的语言能力，扩展到交际能力，并强调跨文化交际能力，对文化教学有着较高的要求。

第一节 跨文化交际与英语教学

跨文化语境下的大学英语教学，不只是要介绍交往礼仪、风土人情、时政要闻等，更重要的是关注不同语言所负载的文化在深层结构即价值观和思维方式上的差异。不仅要提高大学生的语言修养，更要提高大学生跨文化交际能力。

一、跨文化交际的科学认识

跨文化交际包括来自不同文化的群体之间的交际，涵盖任何意义上的或任何层面上的不同文化或不同文化人际间交际的研究。文化研究是一个漫长可持续的过程，随着时代的不同，研究的视角也不尽相同。不管是东方文化的研究视角，还是西方文化的研究视角，都会与政治需要、经济导向、教育机制相关联，使文化研究朝着不同的方向延伸和发展。跨文化交际的研究主要包含以下几个方面。

（一）关于文化的解读

时代的发展进步，社会生产技术的不断更新，以及人类物质生活和精神生活的不断提高，使文化的内涵丰富繁多。关于"文化"的概述要具有科学性的特色和内容，在此基础上进行综述和探讨。

在中国，"文"是象形字，以甲骨文为典型，多数是指纹理和花纹，后被引申为自然社会的规律和道德行为准则。"化"是一个会意字，从"二人"，有变化之意,后被引申为"教化、造化"。所以,这"文"与"化"二字合用,就成为经时代交替演变逐渐形成以法律和礼仪制度来教育百姓,端正社会风气的意思。在西方,大多认为"文化"源于拉丁文 culture,引申为栽培、培养、修养等含义,近来又被引申为人的知识、智慧和信息的总称。

总之,中、西对"文化"来源意义类似,大致理解为物质和非物质产品的总称,用于所有的社会学科中,尤其是对历史学、人类学和哲学等领域的应用。

文化随着政治、经济的不断发展的演变,有广义和狭义之分。广义上的文化指在社会生产生活中人们创造积淀物质和精神财富的总和;狭义上的文化指的主要是精神文化。文化所具备的多样的民族性、特殊的地域性、变化的社会性,决定其呈现出百花齐放的现象。文化在特定社会的形态下形成"相适应的特有文化",随着社会生产生活丰富多彩的发展变化,文化又被赋予了新的生命力。总之,对于文化的解读要从以下几个层面着手。

一是,文化多样性的内涵。文化研究的流派也层出不穷,如早期的有古典进化论学派,每个流派对文化的理解都有不同的看法,没有达成一个科学的文化共识,直接导致了文化内涵的多元化。如英国著名的文化评论家雷蒙特·威廉斯在《文化与社会》中指出,18世纪后期到19世纪前期,词汇样式的变迁扩大,表现了更为思想广阔的变迁和意义,使得文化也日益丰富。

二是,物质和非物质文化。人类为了满足生存而进行的社会生产创造的产品就是物质文化,包括衣食住行等。精神文化则是在物质文化基础上建立的文化分支,指内心对知识、信念、艺术、道德和习俗集合的产生。物质文化是精神文化意识形态的体现,物质文化是精神文化升华的基础。

三是,孕育文化的土壤——经济和社会。文化形成的特点与当时的经济和社会发展有着密切的联系。经济和社会发展到一定程度时,人们就会开始产生追求文化的需求,这时文化将会蓬勃发展,文化,常被统治者利用成为统治无形的工具,如中国古代的礼乐制度;西方的雅典民主思想;罗马帝国的万民法等。

(二)跨文化交际的内涵

吴为善、严慧仙在《跨文化交际概论》中指出,"跨文化交际是指本族语者与非本族语者之间的交际,也指任何在语言和文化背景方面有差异的人们之间的交际。"这一概念强调交流者需要有来自于不同文化圈的差异。文化圈既包含思维习惯、价值观、生活方式还包括人际交往。其中人际交往是跨文化交际中最容易引起矛盾与冲突的部分,因此人际交往的学习也是跨文化交际学习的重中之重。

跨文化交际不仅是文化之间的交际,也是技能方面的交际,其中就包括理解并得体运用另一种文化的能力和与他人交往的能力。语言能力是跨文化交际能力的核心与基础,但非语言交际能力也不可忽视,在朱迪 C·皮尔逊看来,"7% 的情绪信息由语言传递,其余的 93% 要靠非语言手段来传递。"非语言交际能力对语言交际行为起着很好的辅助作用,特别是在交际有障碍时往往不可替代,它包括副语言,如沉默,话题转换;体态语,身体各部分的动作;客体语,如皮肤颜色的修饰,身体异味的掩饰、衣着、化妆等;环境语,如空间信息,身体距离等。交际者只有将文化与技能的融合才能称得上是一名合格的跨文化交际者。

关于言语行为的文化特性,这是跨文化交际中的又一重要课题。文化具有鲜明的个性,不同的文化之间自然会产生差异,文化差异反映到语言上,就成为语言上的差异。语言是文化的产物,又是文化的一种表现形式,语言的使用一定得遵循文化的规则。换言之,文化决定思维、决定语言的表达方式。我们设想一下外国人学习汉语的情况吧。外国人要学会正确使用"我说一点肤浅的意见,不对的地方请批评指正"这样的句子,除了需要语言本身的知识以外,还必须习得中国社会和文化方面的知识。不需要社会、文化背景知识而能造出的句子,几乎都是有关事实或状态方面的描写。例如:"我姐姐是一名大学生""天安门广场很大"等等,这些句子原样译成任何语言都说得过去。然而,有许多句子直译过去要么不通,要么不符合对方的社会、文化规则而不被理解。

三、跨文化交际的研究视角

1. 国别文化

一个国家或民族,由于其自身的生产生活方式不同,导致产生的文化表现形式多样性。如节日的规定,庆祝方式,都因国家或民族而异。

2. 地域文化

首先,地域文化指的是不同区域的文化。地域文化的形成是一个长期持续的过程,随着时代的更替以及新事物的使用而发生变化,但在特定阶段中,又具有稳定性。其次,地域文化可归类为"民族文化"或者"民俗文化"。"民族文化"和"民俗文化"都与地域相关,如中国境内有着五十六个民族,每个民族的风俗、风情都是不一样的;希腊罗马文化两者之间的差异却非常大。总的来说,不同地域文化差异大致表现在饮食文化、民间信仰、民间建筑等方面。

3. 通俗文化

通俗文化接受的对象是广泛的,其内容与人们的生活有关,可表达自身内心的感情,弥补了高雅文化的不足,给人们提供一个更为广阔的文化交流平台,能够摆上这个平台的文化可以是大众共赏的,没有阶层之分。

4. 大众文化

大众文化是以广大人民群众的生存生活需要为出发点和归宿点的人文形态。可以发现,这种文化能全面阐释和表现人文本质,深度地表现了人文精神,涵盖了人文目标以及人文价值的理性。它得到很多人的认可,成为渗透力极强的文化现象之一。大众文化不具备阶层性,是一种雅俗共赏的文化。

5. 宗教文化

宗教反映了人类信仰的文化现象之一,在人类文明的发展过程中与文化的起源和发展息息相关,宗教文化渗透的范围相当广阔。宗教是人类社会发展进程中的一种特殊文化现象,是传统文化的重要组成部分之一,时刻影响着人们的思想意识、行为习惯、生活规律等方面。如道教经典之作《道藏》,涉及的社会现象上至天文下至地理,有道教经术、医药养生以及修道教的经书宝典和探讨传统文化的珍贵资料。

二、文化差异是跨文化交际的存在基础

关于文化的基本特征,中西方文化都有传承性、二元性等,但由于中西文化发展的社会背景不同,所以也有不同的特征变现。

(一)中国传统文化的基本特征

中国传统文化多是诞生于内陆河流域,成长在自然环境相对封闭的地域,被冠以"大陆文化"之称,塑造了一代代华夏儿女。中国的地理环境、生活方式、宗教信仰以及乡土情怀等方面都影响着文化的特征,主要表现为以下几个

方面:

第一,中国传统文化的统一性。在历史发展中,尽管政治、经济不断地变化,而文化的统一性作为主线不曾被瓦解。中国文化在发展中,形成了以华夏文化为中心、各民族文化相融的统一体,在面对民族危机时,传统文化始终作为主线,维护了统一性,这是其他国家或者民族文化不具备的特色。

第二,中国传统文化的延续性。中国经历着不断改朝换代,政治和经济也发生着巨大的变化,但文化却依然不曾被中断过。以儒学为主线的思想主流,一直贯穿于传统文化中,具有牢固的地位。

第三,中国传统文化的中庸性。中国人所讲求的是中庸之道,来源于传统的哲学理论和道家学说。中国古代就已经形成了较为完整的哲学宇宙观:阴阳、五行、天道、太极、气理等相互关系的论述,这对于社会相互关系间的稳定、平衡起到了强化的作用,所以至今,在我们接受的教育中,依旧很强调"中庸",大方得体、态度平和。

第四,中国传统文化的乡土性。中国文化诞生于小农经济之上,有着浓重的乡土性。中国作为一个典型的农业型社会,人们的衣食住行离不开土地经济,社会无论怎样发展都难以抹杀不了人们对于乡土的依恋,对于乡土的那份厚重的情谊。正是这样一特征,使得五十六个民族的文化找到了共同的支撑点,各民族间互相交流、共同进退、相互扶持。

第五,中国传统文化的非宗教性。中国传统文化最为显著的特征是它的非宗教化,中国传统文化诞生于生产之中。在这个过程中,人与人之间的关系、人与自然界之间的矛盾,促使人们探索和总结生产经验,并衍生出了文化。所以,中国的非宗教性的特征,是由其浓厚的人文精神决定的,并非虚拟的宗教信仰能够支配的。

(二)西方文化的基本特征

西方文化属于海洋文化,与其地理位置有关,受到了地理、气候等自然条件的约束。欧洲大陆多山,土地相对贫瘠,自然资源相对缺乏等,所以其文化发展就建立在掠夺资源、对外征伐以及商业竞争上。西方文化的发展起源于古希腊罗马的奴隶制文化,经过各民族的继承和发展,西方文化的特征表现为以下几方面：

第一，西方文化的海洋性。西方文化多是诞生于海洋，成长于海洋气候变化相对要恶劣的环境中，所以西方人养成了冒险和对外扩张的性格特征。

第二，西方文化的宗教性。西方文化的宗教的气息浓厚。如古希腊的神话，希腊人在生产生活方面，都设定了一个专门的神，并将其人格化，祭祀和供奉的形式也不同于中国文化，由此彰显个体生命能力以及由此而衍生出来的精神文化。

第三，西方文化注重理性。研究西方文化会发现理性精神对西方文化的深刻影响，科学和法律成为西方文化的重要支柱。

第四，西方文化崇尚个体。西方文化肯定了个人存在的价值，人类社会结合的基础。如文艺复兴时期，西方人对个体价值和人格尊严的要求从教权的阴影下重新解放出来。18世纪的启蒙运动更是普遍提倡人生而自由和平等的"天赋人权"观念。

三、跨文化交际与英语教学之关系解读

跨文化交际与外语教学密不可分。这是因为外语教学不仅是传授语言知识，更重要的是要培养学生的交际能力，培养他们应用外语进行跨文化交际的能力。从这个意义出发，将外语教学看作是跨文化教育的一环更加恰当一些。20世纪80年代中期，我国的大学英语教育统一制定了教学大纲，全国统编了几套符合教学大纲的教材，1987年开始实施四六级考试，这些都对大面积的英语教学起到了积极的推动作用。但是，由于改革开放的深入发展，中国迅速地走向世界，社会上对大学毕业生的英语运用能力提出了更高的要求。据浙江大学1993年的调查，社会上对本科毕业生听、说、写的要求分别为67.25%、71.11%和61.48%，然而在这些方面，我们的教育却明显滞后。一方面普遍的应试教育带来了相当的负面影响，另一方面传统的外语教育观还深深地束缚着我们教师的手脚。中国的学生，从小学直到大学，有的还进入博士生阶段，总共学习十多年的英语，大部分时间和精力花在查词典、记单词、分析句子结构上。对于中国的学生来说，有了词汇和语法知识就可以阅读，就可以应付考试，但是，在跨文化交际时往往会出现问题。

再传统的英语教学中我们经常会发现以下几个问题：第一，把学习语法和词汇当作外语学习的全部。这样教育出来的学生不但发出信息的能力很差，就连获取信息的能力也很差，综合交际能力低下；第二，学习方法陈旧，只见树木不见森林。受传统方块汉字学习的影响，学习外语也是一板一眼、循规蹈矩。注意力往往集中在词、句的理解上，而较少注意篇章；往往重视信息的接收，忽略信息的发出；第三，综合语言能力较强，但是跨文化理解能力差，缺乏社会技能。当语言能力提高到相当的水平之后，文化障碍便更显突出。语言失误很容易得到对方的谅解，而语用失误、文化的误解往往会导致摩擦发生，甚至造成交际失败。一个外语说得很流利的人，往往背后隐藏着一种文化假象，使人误认为他同时也具有这种语言的文化背景和价值观念，他的语用失误，有时令人怀疑是一种故意的言语行为，因此导致冲突发生的潜在的危险性也最大。

在中国，人们对跨文化理解的重要性认识水平还比较低，相当一部分人认为这只不过是个学习外语的问题。他们觉得，只要会外语，剩下的凭常识、按习惯就可以解决。然而，常识这个东西并不一定具有普遍性，它因文化背景的不同而有所区别。在中国文化背景下属于常识性的行为，换在某个外国的背景下可能成为一种不合常识的行为；在某种文化下属于很礼貌的行为，在另一种文化下可能被视为无礼；一种文化下的人怀着敬意说出的话，另一种文化下的人可能理解成是一句带侮辱性的话；拿汉语的习惯去套外语，有的时候套得对，有的时候则会套错。有些人将跨文化交际等同于外语的听、说、读、写四会能力。四会能力当然很重要，它是跨文化交际的重要基础，但是它远不是问题全部。语言是文化的产物，它具有深刻的文化内涵，与不同的对象，在什么样的情况下，如何表述一个思想，与文化背景密切相关。"如何说"、"不说什么"，有时候比"说什么"更加重要。仅能够运用语法上正确的外语，并不能足以与外国人打好交道。

外语教学的根本目的就是为了实现跨文化交际，就是为了与不同文化背景的人进行交流。大面积、全面提高外语教学的效率和质量，大幅度地提高学生的外语应用能力，既是中国国民经济发展的迫切需要，同时也是跨世纪的中国高等教育的一项紧迫任务。为了实现这个目标，需要我们正确认识到外语教育是跨文化教育的一环，把语言看作是与文化、社会密不可分的一个整体，并在教学大纲、教材、课堂教学、语言测试以及外语 第二课堂里全面反映出来。

第二节 跨文化交际下英语教学困境分析

我国跨文化语境下的大学英语教学，既存在着诸多问题，也面临着许多严峻的挑战。

一、语言符号的理解难度

（一）不同顺序不同含义

由于同样的语言符号，顺序不同，含义可能就有所变化。如"屡败屡战"和"屡战屡败"一褒一贬；"小王跟小李过不去"和"小李跟小王过不去"责任在谁完全不同；"中国人像日本人"和"日本人像中国人"主、从地位完全对立。可见，同样的语言符号，排列组合顺序上的差异，会带来语用含义的不同。

（二）不同语境不同含义

不仅如此，同样的语言符号在不同的语境中可能会有不止一种理解和解释。如"明天他要来这里"的时间、地点、人物都会随着语境的变化而变化；"送货上门"究竟送到哪个门取决于双方的解释；"汽车前边有一束花"，一束花可能在车里也可能不在车里；"男人就是男人"，可能是褒扬也可能是贬抑，这往往取决于语境。

二、学生的语用能力有待提高

语用能力以语言能力为基础，但是语言能力强并不一定意味着其语用能力也强。外语教学要注重培养学生使用目的语的交际能力，交际能力的核心是语用能力，包括知识和技能。语用能力分为语用语言能力和社交语用能力，前者以语法为基础，涉及语言的使用规则，正确地运用语法规则遣词造句，在一定语境条件下正确地使用语言形式实施某一交际功能。社交语用能力指根据社会文化规则进行得体交际的能力，尤其是在跨文化环境中的语用差异。应引导学生正确理解和运用语用知识获取话语字面意义以外的语用含义和间接信息。例如，面对一个交际者，采用什么称呼语来称呼对方，涉及交际双方的身份、年龄、职业、熟悉程度、社会地位、性别、交际场合等，这就牵涉到语用能力的问题。此外，邀请、拒绝、批评、寒暄、请求等言语行为的实施所采取的方式都涉及语用能力。

三、母语文化缺失

2007年的《大学英语课程教学要求》明确了大学英语的教学内容除语言知识、语言技能之外，还应包括人文情感、人文素养和人文理想的培育，这表明由单单作为工具的英语学习向素质教育转变。

但是大学英语教学目标中对文化的定义默认为是目的语文化，没有提到母语文化。不仅如此，大学英语教材也缺乏母语文化内容。2007年的《大学英语课程教学要求》指出：

（1）大学英语是以外语教学理论为指导，以英语语言知识与应用技能、跨文化交际和学习策略为主要内容，并集多种教学模式和教学手段为一体的教学体系；

（2）提出大学英语的教学目标是"培养学生的英语综合应用能力，特别是听说能力，使他们在今后工作和社会交往中能用英语有效地进行交际，同时增强其自主学习能力，提高综合文化素养，以适应我国社会发展和国际交流的需要"；

（3）大学英语课程不仅是一门语言基础课程，也是拓宽知识、了解世界文化的素质教育课程，兼有工具性和人文性。因此，设计大学英语课程时也应当充分考虑对学生的文化素质的培养和国际文化知识的传授。

第三节 跨文化交际中语言学习策略及影响因素

一、语言学习策略概述

20世纪70年代初，人们逐渐认识到语言学习策略的重要性。表5-1简要介绍了早期的语言学习策略研究。学习策略研究兴起以后，引起了语言教学研究领域的广泛关注，大批研究者开始深入研究。

表 5-1　早期的语言学习策略研究

研究者	相关研究成果
Wong-Fillmore	列出三种社交策略（social strategies）和五种认知策略（cognitive strategies）。她还强调指出，作用最大的是三种社交策略：遇到困难时请朋友帮助；给别人留下自己能讲英语的印象；不管是否能听懂，积极参加小组活动
Naiman 等	与 Rubin 的分类相比，Naiman 等人的学习策略分类又向前迈了一步。他们把学习策略分为五大类：积极参与；认识到语言是一个系统；认识到语言是交流和维持相互关系的工具；情感因素的管理；对语言输出的监控和修正
J.Rubin	外语学习者在心理特征和学习方法上有许多惊人的相似之处，其中包括：认知策略，如猜测词义、推理及对语言形式进行分析、归类、综合和监控等；社交策略，如寻求交流和实践的机会；交际策略，如迂回表达、运用副（非）语言手段等；心理特征，如冒险心理、对歧义和模糊的容忍等

学习者策略和学习策略这两个概念经常出现在语言学习策略研究文献中。多数研究者认为这两个概念指的是同一件事情，只是说法不同而已，无须区分，有的研究者（如 Wenden、Rubin，1987）认为两者是不同的，学习者策略见图 5-1。

图 5-1　学习者策略

学习者策略和学习策略在学术上涵盖的内容并无本质的区别。但是，如果引用他人的文献，应尊重原文的术语，不可擅自改动。另外，语言学习策略在整个学习策略体系中的位置可用图 5-2 表示。

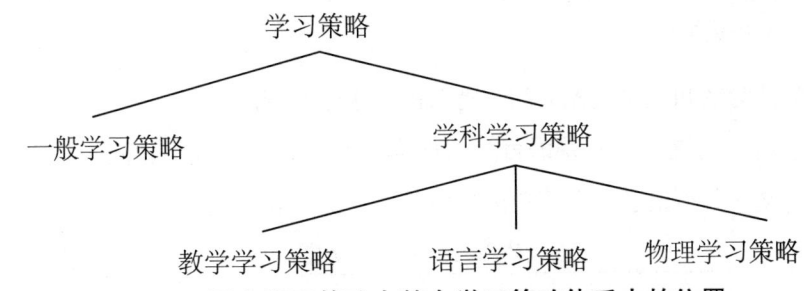

图 5-2　语言学习策略在整个学习策略体系中的位置

20世纪80年代以来,很多研究者给出了学习策略和语言学习策略的定义,见表5-2。

表 5-2　学习策略和语言学习策略的定义

Stern（1983）	学习策略是语言学习者采用的学习方法（learning approach）的总的倾向或总体特征,而学习技巧（learning techniques）是可观察的学习行为的具体形式
Weinstein、Mayer（1986）	学习策略是学习者在学习过程中为了促进其信息处理过程而采取的行为或形成的思想
Chamot（1987）	学习策略是学习者为了优化学习过程、加强语言知识和信息知识的记忆而采用的技巧、路子或其他有意识的行为
Rubin（1987）	学习策略是学习者自己构造并直接作用于学习过程、旨在促进学习者语言系统发展的策略
Oxford（1989）	语言学习策略是学习者为了使语言学习更成功、更有目的、更愉快而采取的行为

对学习策略的定义,目前人们很难达成共识。Wenden（1987）对学习策略的归纳具有代表性:学习者策略是学习者为调控或学习第二语言而采取的行为,包括其对策略使用情况的认识即策略意识,是学习者对学习语言的认识。

二、跨文化交际中语言学习策略的影响因素

语言学习者使用学习策略的频率和种类都存在明显差异,从而影响学习效果。其主要包括学习者的本体因素,教学环境、教师的教学等外部因素。这里主要介绍学习者的本体因素。

（一）认知风格

一般认为认知风格是先天的、持久的，很难改变的。

①左右脑功能研究。就语言学习而言，左右脑功能各不相同，见表5-3。1996年，文秋芳给出了一个简单的左右脑类型测量表，见表5-4。

表5-3 左右脑功能

左脑占主导地位的学习者	喜欢分析语言现象，注重语法结构和文章的细节，不太喜欢运用直觉和综合能力，不太善于把握文章大意
右脑占主导地位的学习者	较喜欢使用那些运用形象思维和知觉思维的学习策略

表5-4 左右脑类型测量表

说明：本表共有20个问题，每道题后面有5个选项。请你根据自己的实际情况选择其中一个选项作为答案。1～5代表的情况如下：
1= 这个陈述完全或几乎完全不符合我的情况。
2= 这个陈述通常不符合我的情况。
3= 这个陈述有时符合我的情况。
4= 这个陈述通常符合我的情况。
5= 这个陈述完全或几乎完全符合我的情况。
1）我容易记住别人的名字。　　　　　　　　　　　　　　　　　　1 2 3 4 5
2）我容易记住别人的面孔。　　　　　　　　　　　　　　　　　　1 2 3 4 5
3）我喜欢把所要解决的问题分成若干部分，然后运用逻辑关系逐一解决。1 2 3 4 5
4）我喜欢从总体上研究问题，然后从模式出发，运用猜测来解决问题。1 2 3 4 5
5）我喜欢对人的外在特点做出客观判断。　　　　　　　　　　　　1 2 3 4 5
6）我喜欢对人的内在特点做出主观判断。　　　　　　　　　　　　1 2 3 4 5
7）我是综合型的读者。　　　　　　　　　　　　　　　　　　　　1 2 3 4 5
8）我是分析型的读者。　　　　　　　　　　　　　　　　　　　　1 2 3 4 5
9）我基本上是通过语言进行思维和记忆。　　　　　　　　　　　　1 2 3 4 5
10）我基本上是通过图像进行思维和记忆。　　　　　　　　　　　　1 2 3 4 5
11）我喜欢说话和写文章。　　　　　　　　　　　　　　　　　　　1 2 3 4 5
12）我喜欢画画和摆弄具体的物体。　　　　　　　　　　　　　　　1 2 3 4 5
13）我能控制自己的情感。　　　　　　　　　　　　　　　　　　　1 2 3 4 5
14）我不能控制自己的情感。　　　　　　　　　　　　　　　　　　1 2 3 4 5
15）我对听和视觉性的刺激反应最好。　　　　　　　　　　　　　　1 2 3 4 5
16）我对动作性的刺激反应最好。　　　　　　　　　　　　　　　　1 2 3 4 5
17）我喜欢解决逻辑性的问题。　　　　　　　　　　　　　　　　　1 2 3 4 5
18）我喜欢解决直觉性的问题。　　　　　　　　　　　　　　　　　1 2 3 4 5
19）我喜欢做有固定答案的试题。　　　　　　　　　　　　　　　　1 2 3 4 5
20）我喜欢做没有固定答案的试题。　　　　　　　　　　　　　　　1 2 3 4 5

续表

计分方法：将单数题和双数题的得分分别相加。对得分结果可作如下解释： 单数题的总分在 35 分以上，双数题的总分在 25 以下 运用左脑为主 单数题的总分在 32～35 之间，双数题的总分在 25～28 之间 运用左脑略多于右脑 单数题和双数题的总分，分别都在 28.5～32.5 分之间 左右脑用得差不多 双数题的总分在 32～35 之间，单数题的总分在 25～28 之间 运用右脑略多于左脑 双数题的总分在 35 分以上，单数题的总分在 25 以下 运用右脑为主

（二）学习风格

1987 年，Reid 把学习者分为表 5-5 所示四种类型。1996 年，文秋芳设计了一个学习风格类型测量表，见表 5-6。

表 5-5 四种类型学习者

视觉型学习者	亲眼看见文字或图画才能学习；偏爱默读；注意教师板书的内容；不太注意听教师的讲解
听觉型学习者	喜欢听而不喜欢读，对听的内容不容易忘记；上课能集中注意力听教师讲解；阅读时往往不能集中注意力
触觉型学习者	喜欢一边学习一边动手操作
动觉型学习者	喜欢读和写，有时还表演动作；对动手操作的事情比较感兴趣

表 5-6 学习风格类型测量表

本表共有 14 道题（其中第 9、12～14 题分别有两个小题）。每道题后面有 5 个选项。请你根据自己的实际情况选择其中一个选项作为答案。1～5 代表的情况如下： 1= 这个陈述完全或几乎完全不符合我的情况。 2= 这个陈述通常不符合我的情况。 3= 这个陈述有时符合我的情况。 4= 这个陈述通常符合我的情况。 5= 这个陈述完全或几乎完全符合我的情况。 1）我对听过的东西记得特别快。 1 2 3 4 5 2）凡是眼睛看过的东西，我不容易忘记。 1 2 3 4 5 3）我默看课文比听别人朗读要收获大。 1 2 3 4 5 4）我朗读过的东西不容易忘记。 1 2 3 4 5 5）我写过的东西不容易忘记。 1 2 3 4 5

续表

6）我听别人朗读课文比自己默读课文要收获大。		1 2 3 4 5
7）我自己表演过的东西不容易忘记。		1 2 3 4 5
8）我喜欢教师要我们把学的东西表演出来。		1 2 3 4 5
9）如果听录音和看书这两项活动可以选择的话，		
（a）我宁愿听录音。		1 2 3 4 5
（b）我宁愿看书。		1 2 3 4 5
10）我喜欢朗读课文。		1 2 3 4 5
11）我喜欢默读课文。		1 2 3 4 5
12）我（a）喜欢听故事。		1 2 3 4 5
（b）喜欢看故事书。		1 2 3 4 5
13）我（a）比较容易记住教师讲的事情。		1 2 3 4 5
（b）比较容易记住教师写在黑板上的东西。		1 2 3 4 5
14）我（a）能比较快地记住听觉形象。		1 2 3 4 5
（b）能比较快地记住视觉形象。		1 2 3 4 5

记分方法：请把各题的得分填在下表内，然后把各组题目的得分相加，把结果填在合计栏内。

第一组题	1　6　9（a）　12（a）　13（a）　14（a）	合计
第二组题	2　3　9（b）　11　12（b）　13（b）　14（b）	
第三组题	4　5　7　8　10	

以下是对得分的解释：

第一组题目的得分在21～30之间，第二组题目的得分为18分或18分以下，第三组题目的得分为13分或13分以下	听觉型
第二组题目的得分在25～35之间，第一组题目的得分为15分或15分以下，第三组题目的得分为13分或13分以下	视觉型
第一组题目的得分在21～30之间，第三组题目的得分在18～25之间，第二组题目的得分为18分或18分以下	听-动觉型
第二组题目的得分在25～35之间，第三组题目的得分在18～25之间，第一组题目的得分为15或15分以下	视-动觉型
各组题目得分的平均分都在3.5分以上	综合型

1.个性

长期以来,研究认为性格类型直接影响学习策略的形成和使用,见表5-7。表5-8给出了一个简单的性格类型测量表。

表5-7 个性对学习策略的影响

性格	特点	原因
性格外向	在掌握基本的人际交流技能方面具有优势,善于创造和把握学习和使用语言的机会	敢于开口和与他人建立关系,有更多的练习机会和更多的语言输入
性格内向	善于观察和思考,在发展语言认知能力方面有优势	花在读写方面的时间更多

表5-8 性格类型测量表

说明:请你在下面各题的 a)、b) 两个选项中选择一个。要做每一道题,不能遗漏。	
① 我通常喜欢	a) 独自工作。
	b) 和大家一起工作。
② 我比较	a) 不容易被人接近。
	b) 容易被人接近。
③ 我最高兴的是	a) 不与别人在一起。
	b) 与大家在一起。
④ 在聚会时,我	a) 只与熟人进行交谈。
	b) 喜欢与生人交谈。
⑤ 在与别人交往中,我通常	a) 不能及时得到别人的消息。
	b) 能及时地了解到别人的近况。
⑥ 通常能把事情干得更好	a) 如果我独自揣摩。
	b) 如果我与别人讨论。
⑦ 当与别人在一起时,我通常的特点是	a) 不愿与别人说自己的情况。
	b) 开朗、坦诚、愿意冒险。
⑧ 交朋友时,通常	a) 是别人主动。
	b) 是我主动。
⑨ 我宁愿	a) 一人待在家里。
	b) 参加兴趣不大的聚会。
⑩ 和别人交际时,我总是	a) 尽量少说话。
	b) 兴致很高,似乎有很多话题要谈。
⑪ 与别人在一起时,我通常	a) 等别人来找我讲话。
	b) 主动找别人讲话。
⑫ 当我一个人时,我感到	a) 清静。
	b) 孤独。

续表

⑬在课堂上，我喜欢	a）独自进行某项活动。
	b）小组活动。
⑭当与别人发生争吵或辩论时，我喜欢	a）不讲话，希望问题能自行解决。
	b）把话说出来，希望当时当地就能得到解决。
⑮当我想把复杂的想法表达出来的时候，我通常	a）感到非常艰难。
	b）感到比较容易。

得分计算方法：请将b）答案的个数相加，每个答案1分。如果你的得分很高，就说明你的性格偏向外向型。相反，如果得分越低，就说明你的性格越偏向内向型。下面是对得分的说明：

13分以上：比较外向　　9～12分：稍稍外向

7～8分：稍稍内向　　6分以下：比较内向

2. 智力

从客观实际来看，智力还影响着学习策略的形成和使用，见表5-9。

表5-9　智力对学习策略的影响

智力水平较差	需要教师的具体帮助和明确讲解，而且常常还需要反复练习才能依样画葫芦，机械地运用获得的学习策略，而一旦学习内容、任务和环境有变化，就不知道如何选择适当的学习策略，或使用的策略不能有效地解决问题
智力水平一般	在教师明确、具体的指示下，或通过学习策略的具体训练，才能形成学习策略
智力水平较高	往往能通过对教师日常内容讲解的揣摸与自己解题经验的总结，自发形成一套行之有效的学习策略

第四节　跨文化交际中英语教学改革创新模式

这里介绍国内流行的4种英语教学方法：交际教学法、情境教学法、自主学习教学法、任务教学法。

一、交际教学

交际教学法的大纲是交际功能，基础是心理语言学理论和社会语言学理论，教学法体系的目标是培养交际能力。其最重要的特征之一是既注重语言的交际功能，又注重语言的结构功能。

1980年,卡纳尔和斯温认为交际能力由四部分组成,见图5-3和表5-10。

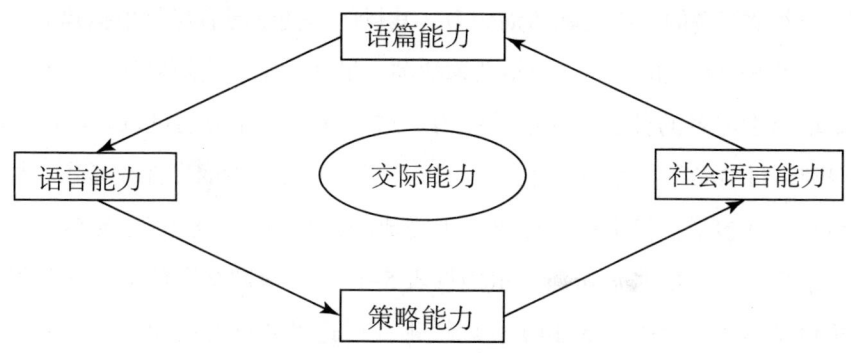

图 5-3　交际能力的组成

表 5-10　交际能力的组成部分及简介

组成部分	简介
语言能力	为了意义的表达,学习者必须掌握词汇、句法等方面的知识
社会语言能力	了解关于目标语的社会文化知识能够帮助学习者在交际过程中话语表达的适切性,知道如何询问对方及如何运用非语言交际手段达到交际目的等
语篇能力	在语言交际过程中,无论是语言输入还是输出都要求交际者具备感知和处理语篇的能力,以便对先前听到或读到的句子和句群进行意义解码,形成意义表征
策略能力	当学习者的语言能力、社会语言能力和篇章能力方面的知识不够全面时,策略能力可以加以弥补

以词汇的选择为例,一些正式用语和非正式用语见表5-11。

表 5-11　一些正式用语和非正式用语

非正式	正式	非正式	正式
leave	depart	job	position
scared	apprehensive	fire	dismiss
blow up	explode	tired	fatigued
quit	resign	flunk	fail
cut down	reduce		

(1)交际活动设计。课堂上的交际活动设计主要包括功能交际活动和社会交往活动。设计时不应忽视课外学习活动设计、交际课堂环境下的角色认识、交

际课堂环境下学习者的心理因素,同时应注意以下几个方面。

①培养学习者的功能交际活动能力。其目的是使学习者尽量根据建立的目标语知识体系实现有效的交际,包括猜词活动、描述活动、简短对话。

②培养学习者的社会交往活动能力。这类社会交往活动可以是学习者将来可能遇到、目前尚不熟悉的事件,也可以基于学习者熟悉的事件或场景。总结起来,活动设计包括:借助提示性对话来完成的角色扮演(示例见表5-12);借助提示信息来完成的角色扮演(示例见表5-13);借助交际情境和交际目标完成的角色扮演(示例见表5-14);以辩论或讨论形式展开的角色扮演(示例见表5-15)。

表5-12 借助提示性对话来完成的角色扮演示例

You meet B in the street	You meet A in the street
A: Greet B	A:
B:	B: Greet A
A: Ask B where he is going	A:
B:	B: Say you are going for a walk
A: Suggest somewhere to go together	A:
B:	B: Reject A's suggestion and make a different suggestion
A: Accept B's suggestion	A:
B:	B: Express pleasure

表5-13 借助提示信息来完成的角色扮演示例

Learner A: You arrive at a small hotel one evening. In the foyer, you meet the manager (ess) and: ask if there is a vacant room.   ask about the price, including breakfast.   say how many nights you would like to stay.   ask where you can park your car for the night.   say what time you would like to have breakfast
Learner B: You are the manager (ess) of a small hotel that prides itself on its friendly, homely atmosphere. You have a single and a double room vacant for tonight. The prices are $850 for the single room, $1500 for the double room. Breakfast is $1.50 extra per person In the street behind the hotel, there is a free car park. Guests can have tea in bed in the morning for 50 cent

表 5-14　借助交际情境和交际目标完成的角色扮演示例

Learner A：You wish to buy a car. You are in a showroom, looking at a second-hand car that might be suitable. You decide to find out more about it. for example. how old it is, who the previous owner was, how expensive it is to run and whether there is a guarantee. You can pay up to about $900 in cash
Learner B：You are a car salesman. You see a customer looking at a car in the showroom. The car is two years old and belonged previously to the leader of a local pop group. Your firm offers a three-month guarantee and can arrange hire purchase. The price you are asking for the car is $1400

表 5-15　以辩论或讨论形式展开的角色扮演示例

Learner A：Role：Miss Julia Jenkins, single 　　You feel that you should contact one of the charity organizations advertised in a magazine, at least for advice
Learner B：Role：Renald Rix, the local vicar 　　You wish to raise some money for an old people's club by holding jumble sales
Learner C：Role：Mr. David Hicks, headmaster of the local primary school 　　You are anxious for the students at your school to play a role in helping the aged
Learner D：Role：Mrs. Dorothy Foster, window 　　You think the money should be spent on the renovation of an old country house. which could be used as an old people's recreation center

（2）社会交往活动能力的延伸。延伸社会交往活动能力，主要有两种方式，即策略式交往活动与社会戏剧。

策略式交往活动是即兴式的，设计时为更符合现实交际活动的特点，应将听力活动和视觉活动有机结合。

社会戏剧侧重培养学习者的社会交往能力，其过程为：进行准备→展示新词汇→展示要解决的问题→讨论故事所发生的语境→给每个学习者分配角色→指定观众→表演→进行新一轮的角色扮演→重新表演→总结→开展后续活动。

（3）交际能力的评价。交际教学法的目标是在交际课堂环境下，培养学习者的交际能力，要求学习者能创造性地使用语言，对语言形式使用的评价主要依靠3个方面，即评价交际活动中学习者对约定俗成知识的掌握，评价交际活动中学习者对文化背景知识的掌握，评价交际活动中学习者运用目标语的得体性。

二、情境教学

从英语学习角度看,情境的设计应当考虑的因素有:学习任务的呈现,相关的范例,信息资源,认知工具,自主学习设计,教师的指导作用,为学习者提供概念框架(目的是引导学习者对所学知识的理解不断深入)。

情境教学法意义建构的步骤为:教学目标分析→教学结构设计→信息技术的辅助作用设计→自主学习策略设计→协作式学习活动设计→学习过程与学习效果评价设计。

情境教学法的评价的特点是:重视基于真实语境的评价,重视评价学习者所取得的进步,重视评价主体的多元化与评价方式的多样化,重视及时反馈评价信息,重视学习者参与学习过程与学习效果评价活动,重视对学习者高层次学习目标的评价。

三、自主学习教学

自主学习教学法即学习者自主学习为主,强调教师建立或给学习者自主学习的环境,帮助其成为自主学习者。

从宏观角度看,为了创设自主学习适应型的学习环境,教师在教学设计过程中应考虑以下几点:开展策略教学,培养学习者的策略意识;以学习者为中心,发挥教师的主导作用;逐步增多自主监控,减少外部监督;提供自学资源或构建自学中心。

(1)自主计划。从学习者元认知策略意识培养角度来看,自主计划包括表5-16所示的学习行为。很显然,自主计划是学习前的准备,教师应针对学习内容,帮助学习者做好语言准备和非语言准备。

表5-16 自主计划的学习行为

学习行为	含义
先行组织	预习将要学习的材料,了解相关的大意及重要概念
集中注意	事先计划学习者在学习任务完成过程中始终保持自己的注意力
选择注意	事先确定要注意学习任务中输入的某些方面的特征或有助于任务完成的情境细节;在任务完成过程中注意语言输入的某些方面
自我管理	了解促使学习任务顺利完成的各项条件并尽量创造出这样的条件;控制自己的语言行为,尽可能地利用已有的目标语知识

（2）自主监控。自主监控即在学习过程中，学习者要修正、核查或确认自己的语言行为，包括两个方面的语言行为，即发现问题、自我监控（表5-17）。

表5-17　自主监控的类型

类型	含义
理解监控	确认或修正自己的理解
输出监控	监控、确认或修正自己的语言输出
听力监控	根据自己听到的信息做出决定
视觉监控	根据自己看到的信息做出决定
语体监控	根据内在的语体特征监控、确认或修正
策略监控	监控自己对某一策略的使用情况
计划监控	监控自己所做计划的完成情况
双重核查监控	在整个任务完成过程中监控实现采取的学习行为或考虑到的可能性

（3）自主评价。自主评价指学习者完成学习任务后，核查对所学知识的掌握准确程度与完整程度；对学习策略的使用情况；核查自己完成学习任务的能力。学习者的自主评价包括表5-18所示的几个方面。学习者通过自主学习教学法，应具备表5-19所示的各项能力。

表5-18　学习者的自主评价

评价	含义
输出评价	任务完成后核查自己是否完成学习任务
语言行为评价	评判自己在任务完成过程中的表现
能力评价	评判自己完成学习任务的能力
策略评价	评判自己在完成学习任务中策略的使用情况
语言掌握评价	评判自己对目标语本身的掌握情况

表5-19　学习者应具备的能力

能力	含义
自我意识	学习者对自身作为学习者的意识的提高，如学习目的、学习动机及对目标语语言系统不同方面的认识等
语言意识	学习者认识到语言是一个有组织的系统：如演绎和归纳语法的能力；辨别目标语语体和功能的能力；掌握不同的学习策略及使用等
自我评估能力	学习者能够监控和评价自己在语言学习过程中取得的进步。同时，学习者还能确定自己的学习目标，并使用自我管理的策略确定符合所处现实学习环境下应该达到的学习目标

四、任务教学

任务教学法以完成任务的过程为学习过程，体现教学效果的方式是展示任务成果，教学动机或动力是帮助学习者完成具体的学习任务。它具有以下特点：强调培养学习者对语言的综合运用能力；强调学习者的学习过程；倡导将运用语言的能力作为语言知识教学的目的。

我国英语教学目前以课堂教学为主要方式，对处于基础阶段的学习者，课堂教学主要有以下几个阶段。

（1）任务设计。任务设计关系到任务教学方法中的各个环节，是任务教学法中的关键环节，应遵循表5-20所示的原则。

表5-20 任务设计应遵循的原则

原则	含义
语言、情境真实性原则	语言、情境真实性原则是任务教学法的核心。唯有语言、情境真实，语言的使用才可能真实，只有具有真实性的学习任务才能为学习者掌握语言提供真正的"支架"，也才能更好地激发学习者的学习积极性。因此，在设计学习任务时，教师一定要注意为学习者创设真实的语言环境，布置与学习者的学习和生活相关的真实任务
语言形式、意义、交际功能与学习任务结合的原则	任务教学法认为，教学活动应当有利于发展学习者的语言知识，培养其语言技能，从而提高实际语言运用能力。因此，虽然任务教学法不以语言结构的练习为学习目的，但鉴于目前我国英语学习环境特点，应当将语言形式、功能、任务三方面合而为一。学习者在完成任务的过程中了解语言知识的用法、意义和功能，使他们在完成任务的过程中既能掌握语言知识，又能培养语言运用能力
任务梯度原则	任务教学法认为，任务的设计因遵循任务梯度原则。学习任务的安排应遵循从简入繁、由易到难、由低级到高级的原则，从简短、浅显的任务逐渐上升至较长的、较复杂的任务，甚至从任务逐渐延伸到项目。所谓项目学习就是引导学习者进行创作、验证、完善，并制做出某种产品的活动
兴趣原则	培养学习者参与学习任务的兴趣是任务教学法的重要原则之一，兴趣是学习行为的驱动力，即兴趣可转化为学习动机。动机的强弱与学习者参与学习活动的强度成正比。参与任务的兴趣只有转化为参与动机，才能变成实际的来自心理的参与力。并且，在学习者参与学习任务的过程中，参与动机越强，参与的兴趣就越强。因此，在设计任务教学时要考虑到学习者的兴趣。否则，学习者就无法对语言知识加以内化处理，教学中的指令、反馈、调控、评价等也就无从发生

续表

原则	含义
合作学习原则	任务教学法提倡合作学习方式，鼓励学习者在学习中互相合作。每个学习者都具有均等的机会在各自完成任务的过程中讨论并解答问题，分享彼此的思考、经验和知识。这扩大了获取知识的渠道，同时也深化了对知识的理解和认识，培养了自主探究能力，以及形成了从多维度、多侧面寻求解决问题的策略。而且，合作学习意识通过创设积极主动探索、轻松愉快学习的情境，提供学习者的学习兴趣和学习主动性，这有助于学习者形成自信、自尊、与人为善的良好个性
师生和谐共创原则	强调教师与学习者之间应建立和谐的教学交往关系，强调教师与学习者之间的关系平等。在完成任务的过程中，教师既是知识的提供者，又是知识的分享者，还是学习过程的组织者。教师在教学中的权威表现在其对现代教学与课程的深刻理解与把握，表现在对学习者主体的引导与评价，也表现在激发学习者参与学习过程的动机和兴趣，而不是以绝对权威自居。信任和鼓励是十分有效的教育手段，这是形成师生和谐教学交往关系的前提
创新意识培养原则	教师应为学习者提供足够的时间从事资料查询、问题讨论、动手实践、总结问题等活动，培养学习者的独立思考能力。而且，允许学习者在任务完成过程中充分地表现出自己的个性和看法。鼓励学习者就同一个问题提出多种解决方案（即培养思维的发散性），或鼓励学习者提出与他人不同的解决问题的办法（即鼓励求异）等方式，进而逐渐培养学习者的创新性思维和能力
反思性原则	任务教学的设计应包括为学习者提供反思的机会，即对所学习的内容及学习效果进行反思。培养学习者的反思能力，引导学习者不仅注重学习目的，而且注重学习过程。这是培养学习者自主学习能力的重要途径之一。从严格意义上说，虽然培养学习者的自主学习能力并非局限在某个特定教学法的原则内，但是任务教学法尤其强调培养学习者的反思能力

（2）任务准备。任务准备也称任务前阶段，指学习者为学习新语言知识所做的准备。学习任务实施顺序见表 5-21。

表 5-21 学习任务实施顺序

实施顺序	适用范围
学习任务呈现—学习任务准备—学习任务完成—学习任务评价	适用于大多数情况
学习任务准备—语言使用呈现—学习任务呈现—学习任务完成—学习任务评价	是第一种实施顺序的变体，适合所学习的新语言知识点难度较大，或学习者刚开始接触任务教学模式的情况
语言知识复习—学习任务呈现—学习任务完成—学习任务评价	适合学习新语言知识点之后的复习课和活动课，目的是要帮助学习者对所学内容进行巩固，同时复习完成接下来的学习任务所需要的语言，以提高学习者运用语言的正确程度

（3）任务呈现。任务呈现即任务介绍，目的包括引导学习者进入任务情景、帮助学习者理解任务要求两个方面。

（4）任务开展。任务开展是通常所说的语言使用阶段，指学习者学习新语言知识后，运用所学新语言完成任务的过程。纽南于2004年提出，按策略角度的不同，学习任务可分为5种：具有认知特点的学习任务；具有人际沟通特点的学习任务；具有语言学习特点的学习任务；具有情感特点的学习任务；发挥学习者创造力特点的学习任务。

无论哪一种任务类型，完成任务的目的主要包括表5-22所示的几种目的。

表5-22 完成任务的目的

目的	含义
交际	建立和保持人际关系，并借此达到交换信息、观点、意见、态度、感受以及行事的目的
理解社会文化	了解同时代的本族语者的日常生活模式，包括家庭生活、工作场景、学校活动、娱乐方式等
培养学习者自主学习能力	在某一时间段内，协商和计划自己的学习，确定现实目标并制订相应的实施办法
培养语言意识及文化意识	了解所学语言的系统特征及功能

（5）任务评价。目的是引导学习者重新审视任务过程，包括任务准备阶段和任务展开阶段。用于进行任务评价时收集相关数据方式多种多样，如标准参照测试、问卷调查、课堂观察等。有些评价手段尤其注重学习者在任务完成过程中的表现，可被广泛采用。

第六章
中外合作办学背景下雅思教学改革

随着经济全球化进程的加快，国际型复合人才越来越受欢迎，越来越多的中国学生愿意学习国外先进的科学知识。这就为中外合作办学项目的发展提供了空前优越的机遇。加之近年来中国经济和综合国力迅猛发展，众多欧美教育发达国家都看到了中国教育市场的巨大潜力，纷纷抢滩中国高校，越来越多的中外合作办学项目随之产生。中外合作办学是一种全新的办学模式，没有固定的模式可遵循，因此需要一种创新性的办学理念和教学方式。虽然中国的教育在过去的几年里取得了长足的进步，然而雅思教学，作为高校中外合作办学模式下的新型产物，却无章可循，因此需要探索具有创新性的实用教学模式。针对此现状，我们必须对中外合作办学项目下的雅思教学进行深入的了解，科学划分教学模块，改革我国的传统雅思教学。

第一节 雅思考试及其主要教学模块

一、雅思考试

（一）雅思考试的认识

雅思考试的全称为国际英语语言测试系统，目的是测试受试者是否能够以英语作为学习或接受培训的媒介。该考试共分为听力、阅读、会话及写作四个部分。同时，与国内的大学英语四、六级考试相比，题型颇具多样性，对于受试者的语言应用能力要求更高。一般中外合作办学项目下，合作院校对中国学生雅思成绩的要求在5分左右，即学生基本沟通没有问题，但是只是局部掌握英语的使用，这远远低于非合作院校的门槛。

（二）雅思考试的类型

1. 出国留学

留学是考生参加雅思考试的一个主要因素，准备出国的学生取得一个"雅思"

成绩后，外国院校将会根据学生的雅思成绩减免在国外的语言学习周期，而如果是具有高中文凭的申请人在取得5.5分的雅思成绩后，将可免去在国外半年至一年的语言学习，直接入读国外大学的预科课程，节省大笔费用。其次，如果是大专、本科毕业生具有6分的"雅思"成绩，将会减少国外学校对学生入学资格的审核时间，从而极大地提高个人的竞争力，在很大程度上增加被优秀大学录取的可能性。

2. 移民海外

目前，移民国家对于移民人士的英语应用能力也有了相关要求，现在大多的英联邦国家对本国申请技术移民的人士也采用雅思考试，做为申请人英语能力达标的认证。就目前统计，需要雅思成绩的多以计算机、通信、机械、化学、食品营养技术类移民为主，随着不同情况的申请者不断被要求通过考试的情况来看，尽早着手并取得雅思高分成绩是顺利移民海外的必要条件。

3. 职业发展

学雅思在国内的应用，主要在于个人的职业发展，尤其是想在外企工作的考生。英语水平是外企招聘中国雇员的重要标准之一，而雅思成绩则被外企作为客观、全面反映应聘者英语水平的硬件指标。具有雅思成绩的应聘者，在应聘外企特别是英联邦国家的外资企业时，往往具有更大的竞争优势。

二、雅思考试的主要教学模块

（一）雅思听力

雅思考试至关重要的一环就是听力。要使学生能在不到两年的时间里顺利通过考试，对老师和学生都是一个不小的挑战。

雅思听力考试可以分为四个部分：前两部分是学生在国外日常生活中经常会遇到的情景，比如租房、购物、旅游等，通过这种测试可以看出学生是否具有单独在国外生存的能力，也就是以此来考查学生的生存英语（survival English）；后两部分通常是和学校学习培训密切相关，比如新生报到、入学、选修课程等学习场景，通过这种测试学生是否具有应对学校的学术生活的能力，以此来考查学术英语（academic English）。考试形式以对话（conversation）和讲座（lecture）为主，有时对话除了两人对话还有多人对话。另外，雅思听力的特点还有：

第一,语音口音。雅思听力的材料包括英音、美音、澳音还有其他英语的变体形式。有的甚至还带有比较强地方口音,要求考生能辨别不是标准语音下的各种英语变体。

第二,题型多样,考查全面。雅思听力考试题型主要有主、客观两大类,有 Multiple choice(多项选择题)、Short-answer question(简答题)、Completion(完成句子题)、Notes /Summary/ Diagram/ Flow chart/table Complication(完成备忘录/摘要/图表/流程图/表格)Classification(归类题)、Matching 配对题)。主观题较难,在听完文章内容后,自己总结出答案,完成后面的简答题、匹配题和正误判断题。考生根据听到的文章内容,全面考查考生的听力理解能力。

第三,做题时间短,听力录音时间长。雅思听力每道题有 5 或 8 分钟的长度,录音只放一次,做题中间间隔的时间又很短,考生必须全神贯注,而且是快速做出反应,边听边做,及时记下关键词,眼耳手脑并用,这也是雅思听力区别于其他听力测试的最明显的特征。

(二)雅思口语

雅思考试系统是被很多英语语言国家公认的语言能力综合测试体系,强调对考生的英语自我表达能力和英语互动交际能力的考查。雅思口语测试主要分为三大部分,每一部分各具特色:第一阶段为 introduction,考官在确认考生的身份后会询问一些关于家乡、天气、理想等考生相对熟悉的话题,时间为 4~5 分钟;第二阶段为 individual long turn,考官随机抽取一张题目卡(topic card),考生可以思考准备一分钟,然后就该题目进行 1~2 分钟的个人陈述;第三阶段为 two-way discussion,考官和考生围绕第二阶段的话题进行 4~5 分钟的深入交谈,考官在问题询问广度和深度上都有所延伸。

从中可以看出,考官着重考查考生的在真实语境下的语言运用和沟通交际能力。测试过程中,考官将会在流利程度(fluency)、语法(grammar)、词汇(vocabulary)和语音(pronunciation)四个方面对考生进行表现记录和综合评估。此种考试为任务型考试,即由考官布置一定的目标任务,考生当场即兴完成。这不仅仅对题库式有准备有范围的口语考试产生影响,对雅思口语教学也产生一定的冲击。中外学生长期习惯的"沉默、静听、记笔记"式的学习模式和"课堂沉寂、课间活泼"的两极个性特点几乎不能适应这样灵活的考试方式。

(三)雅思阅读

雅思阅读是雅思考试的第二部分,时长 60 分钟。考试内容包括三篇文章,每篇文章长度为 1500 字左右,大约 13~14 题,总共 40 道题。题型多样,包括标题选择 (List of headings)、判断题 (Given/False/Not Given)、摘要填空 (Summary)、配对题 (Matching)、选择题 (Multiple Choice)、句子填空 (Sentence Completion)、简答题 (Short Answer Questions) 以及图表填空题 (Diagram/Flow Chart/Table Completion) 等八大题型。

阅读考试中三篇文章的主要来源均为国外学术杂志,*The New Scientist*,*The Economist*,*National Geographic* 等,考生对于这些题目的背景知识知之甚少。但雅思阅读考试并不是为了考查学生对某一个专业领域的了解程度,更多的是考查学生的基本功和阅读技巧。

第二节 中外合作办学背景下雅思教学现状

一、中外合作办学

中外合作办学即是与国际接轨,引进先进资源。中外高校双方共同拟定各专业培养方案,以保证中国学生与国外专业课程的顺利衔接。通过引进国外先进的课程、原版的教材和优秀的师资等教育资源,使学生享受到不出国的留学。英语教学在中外合作办学中发挥着至关重要的作用。由于初高中阶段的英语教学以应试为主,忽略了良好的语言习惯的培养。中国高校合作办学中的学生入校时对国外的人文知识及文化背景知之甚少,英语水平也远远达不到与外籍教师流畅交流的水平。要想使学生迅速提高英语水平就必须加大英语教学的力度。如何克服高中与大学英语教学间的断层也成为中外合作办学面临的一大难题。

二、中外合作办学背景下雅思教学现状

(一)学生现状

目前我国高等教育领域的中外合作办学有三个层次:研究生教育、本科教育、

高职高专教育，另外还有职业培训，而从实际招生情况来看，中外合作办学项目对本科三批及普通专科的生源更具吸引力，这类学生高考成绩偏低，英语基础知识较为薄弱，缺乏实际应用能力，生源差异性较大。部分英语水平较低的学生存在上课听不懂、课下自学无从下手的状况，其英语学习的兴趣和自信心随着雅思教学的开展而不断降低，使雅思教学收效甚微，这些因素不可避免地对雅思教学造成影响。

（二）师资队伍现状

中外合作办学项目雅思教学队伍多以本土教师和外教构成。一般而言，本土教师采用双语授课，重点教授课堂信息量较大的阅读及写作，而外教则采用全英文授课，授课重点为听力和会话。外教的课堂表演性较强，教学方法较为灵活，但却因为不了解应试教育体系下中国学生的特点而导致教学针对性较差；而本土教师大部分未出国进修过，因此虽然本土教师了解学生，却在双语课堂中除了围绕课本外，很难地道地表达自己的思想，引导好学生，缺乏运用英语的真实语境，听、读能力较强，却在信息输出要求较高的说、写上有所欠缺。

（三）课堂教学现状

中外合作办学项目本身是为了促进国内教育事业的发展，"追求经济收益不应成为各国跨境教育的主要目标"，然而真实的课堂教学却偏离了这一目标。能否如期顺利地将学生送到合作院校留学正悄然成为衡量国内中外合作办学项目成功与否的关键。因而教师大多把教学重点放在了如何利用解题技巧使学生雅思成绩达到合作院校的要求，而忽略了在雅思教学过程中植入专业英语以帮助学生出国后完成学业的对接。外教资源则因为学生本身英文基础薄弱，独立思考能力较差而被浪费。

三、中外合作办学背景下的雅思教学现状

在中外办学合作模式之下的雅思教学，其过程当中是存在着相当大的障碍的，在本文当中分为以下几个方面来进行描述：

（一）师资力量薄弱

在师资力量方面，雅思的师资力量呈现出了缺乏的状态，并且很多高校当中

的教师并没有参加过雅思的考试，甚至于有的教师对雅思的知识是少之又少的，在授课、精力和家庭方面都会受到各方面的影响，从而使得教师在雅思考试方面的领域是涉足很少的，造成了雅思教师的严重缺乏。同时，教师对于雅思课程的备课和授课是不愿意的，在备课方面存在着相当大的难度，在教学时间方面是比普通版的教学要耗时多的，也没有多余的经费补贴。

（二）课程设计不合适

在课程的设计方面，一般情况下雅思的课程会利用小班授课的方式进行，但是在很多高校的雅思教学当中，在课程的设计方面是区别于小班授课的。并且在授课的经验方面主要是以听说读写这四个方面来进行设计的。

（三）学生基础相对薄弱

在学生方面，雅思班的学生英语在入学的条件方面是不受到任何限制的，如果学生在英语方面的成绩是相对薄弱的，就会对英语教学的效果产生不利的影响，制约了英语教学的质量。在此种情况下，需要利用分级的方式，来根据学生的英语成绩进行班级的划分，从而对英语的教学实施提供理论性的指导。

第三节　中外合作办学背景下雅思教学模块改革

一、完善雅思听力教学的技巧

（一）以学生为中心

雅思听力的日常教学应从提高学习效率出发，采用"以学生为中心"的教学方法。兴趣是最好的老师，合作班的学生在高中时并没有进行过太多的听力训练，听力更是处于薄弱的状态，要在短短的一两年内就达到雅思听力的要求，十分困难。教师需要采取多样化教学的手段，让学生对英语产生极高的兴趣才能引导他们在接下来的一年多时间里积极备考雅思。同时积极发挥学生的主观能动性，听力如果只靠课堂上的 4 小时根本无法达到雅思听力要求的水平，学生必须在课下沉浸在英语的学习氛围中。教师可以做示范讲解背景知识，同时还可以指定学生按照雅思听力涉及的知识范围进行知识收集储备，制作PPT，课上互相讨论交流学习，充分调动学生的积极主动性，效率会更高，记住的东西也就越多，真正调动学生的积极主动性。教师还应鼓励学生课下多看有关美国的历史、地理、风土人情等方面的书籍及电视节目，如美国的Discovery探索频道，使他们加深对文化现象的了解。

（二）分级个性化教学

鉴于合作项目的班级是单独授课，所以对每个同学进行个性化的辅导及个人学习计划的设置也是十分必要的，从合作班学生入学时的英语水平来看，大家的听力水平参差不齐，课上在保证大多数同学的听力进度外，还应对稍差生和听力水平相对较高的学生进行个别辅导及建议，使差生尽快赶上班内平均水平，好的学生能够继续努力。在一样的课堂上，教师可以根据学生听力水平的高低提出不同的要求：基础较差的同学只要求听个文章大概；基础较好的同学需要讲出听力材料的大意，还要能听出细节信息，分析文章的篇章结构、行文思路。由于合作班的学生入学时基础参差不齐，因此，教师应对新生实行分级教学，开设难度不一的教学内容。每个级别的教学内容、要求、深度逐一递进。在每学期的阶段测试中，成绩进步则可进入高一级别的班级。而成绩退步，则降一级别，给其反思进步的机会。教师应帮助学生有效学习，充分发挥自身的主动性、积极性和创造性。

二、改进雅思口语教学的缺陷

（一）选用优质且契合学生水平的口语教材

外方提供的原版教材具有语言地道、材料鲜活、文化特色鲜明的特点，但由于固有的文化差异性的存在及学生原有语言基础的弱势，不能很好地进行消化和吸收。维果茨基的"最近发展区"（Zone of Proximal Development）理论衍生于他的中介思想，即中介作用下的认知发展，它涉及学习者的当前能力水平和潜在能力水平。在能力强于学习者的教师、同学等帮助引导下，在人际互动的协助下，学习者的潜在水平会在适量挑战的基础上得到一定的提高。既不远离学习者的实际水平，又能超越学习者的当前发展水平，才能成功引导学习者穿越ZPD。

且一方面,学校可以组织中外教学团队一块研究如何选用合适的教材,对于已有的原版教材进行合理的评估,从编写体例、教学目标、授课内容、教学设施、评价考核等方面进行综合分析,在原教材基础上进行二次开发,形成适合中国学生学习基础和学习习惯的校本教材。另一方面,也可以利用现代化互联网的先进技术,建立雅思口语资源库,可包括雅思口语测试全过程的视频、电影原声经典片段、口语范文音频、可录音、可回放复听的口语测试系统等。这样"以学生为中心"的网络口语学习及测试中心,将从根本上改变"以教师为中心""以教材为核心"的传统教学模式,为雅思口语改革打下基础。

(二)组织教师通过国内外培训提高业务水平

教师只有自身英语水平出色、口语表达地道流畅才能善于吸引和引导学生。然而,有的教师面对英语底子薄弱的学生,感觉无从下手;有的教师面对沉重的科研压力,视教学为"副业";还有的教师以教材分析解构为主,不知道如何有效地组织课堂活动。优秀的教师应精心设计课堂活动,从而吸引学生的有效注意,帮助学生克服口语表达的恐惧和害羞心理。因此,学校应该组织教师通过国内进修或海外留学等途径有计划地进行充电。此外,雅思考试经常会出现政策变动或题目的改革,条件允许的学校应该每年组织年轻的教师参与雅思培训或进修,鼓励他们在熟知雅思考试政策、变动及流程的基础上有针对性地开展双语教学和研究。

(三)营造良好的教学氛围

从内容上讲,雅思口语课程可以从中外合作办学的英语语言基础制约因素出发,将雅思口语课程分为两个阶段:

第一阶段(第一学期)为外语的日常交流,主要教材为《江苏省中级口语培训教材》(二)。该教材为江苏省人事厅和南京大学外国语学院共同开发的口语证书培训教材,其口语测试的组成与雅思考试类似,分为回答问题,短文理解并回答问题、情景问答和看图说话并加以评论四个部分,考生在一定时间内进行人机对话,考官根据电脑录音从语音语调、语言表达、词汇的选择和评论的深度与广度等方面进行综合评判,最终的成绩分为不合格、合格、良好和优秀四个级别。

第二阶段(第二学期)为雅思口语的强化与实施,教材为《雅思口语培训教》

材(二)每一阶段时间均为一个学期,每周四课时,最后的考核为江苏省中级口语证书与雅思口语证书(至少5分)的取得,学习过程中穿插进行全员参与的"中外合作班英语辩论赛"和"中外合作班英语口语大赛"。这样,在"课、证、赛三位一体"的思路引导下,策略引导、有效指导和强化要求相结合,不断提高学生的英语沟通能力,帮助学生享受成功的体验。

三、提升雅思教学课程内容的科学性

根据教学实践中发现的问题和获得的经验,我们对中外合作办学项目中雅思英语阅读课程做出如下规划设计:

(一)合理规划内容

雅思英语阅读课程包含的内容:基础英语知识的巩固、雅思英语阅读的题型讲解和解题方法、英语国家文化知识的引入。几个方面要兼顾并重,不能片面侧重任何一点。

(二)注重基础知识

中外合作办学项目一年级的雅思英语阅读课程以基础英语知识的强化和巩固为主,辅以英语国家的文化知识。原本英语水平较低的学生有机会重新学习,缩小差距;原本英语较好的学生可以借此机会查缺补漏,夯实基础。基础英语知识的教学绝不等同于传统英语教学,而是以各类文章的阅读为依托,将基础语法和句法知识贯穿进去,阅读材料最好以主题为单元进行分类,便于文化知识的渗透。同时开设第二课堂,让学生们有一个更为广阔的平台去学习英语国家文化常识。

(三)提高阅读能力

大学二年级的雅思英语阅读课程以阅读方法和题型讲解为主,同时结合所学专业引入该领域的热点话题作为阅读材料,并做一些陈述练习。在一年级学好语法、句法知识的基础上,二年级以题型为单元,配以相应题型的阅读练习,让学生们提高阅读速度,掌握雅思阅读方法。另外,针对专业领域热点话题进行的练习不仅可以提高学生的英语整体能力,还能够让学生关注自己专业领域的争议性话题,同时提高英文文献搜索能力和团队合作意识,尽早熟悉国外学习环境和教学理念。

（四）培养表达能力

大学三年级对大部分中外合作办学项目下的学生来说,是在国内学习的最后一年。雅思英语阅读课程应该以真题演练为主,并且规定演练的时间为60分钟。另外辅以对前两年阅读课程的总结和查缺补漏,让学生们在头脑中形成清晰、完整的雅思英语阅读框架,为即将到来的雅思英语考试和国外学习生活做好准备。

第七章
互联网时代的大学英语教学的时代化改革

21世纪以来,人类生活进入以计算机网络为核心的环境中。我们的生活和学习方式不断为信息技术所改变。因此,我们应当抓住计算机网络高速发展的机遇,以全新的观点和视野来审视我们的教育,促进我国现行的教育体制的革新。本章从互联网高速发展的视角出发,探讨互联网和英语教学结合的过程中取得的成就和出现的问题。

第一节 互联网时代的大学英语教学模式及二者关系分析

众所周知,信息技术的发展在很大程度上推动了教育的发展和革新,然而要使信息技术更好地服务于英语教学,就必须使信息技术和英语教学实现有机的结合。信息技术和英语教学的紧密结合,在当今时代具有相当深远的意义,并将颠覆人们现有的学习观念,为未来教育的发展指明方向。

一、互联网时代大学生英语教学模式探究

(一)互联网时代的大学英语教学模式理论框架

新型大学英语教学理念主要有三种:其一,是多模态、多媒体、多环境理论;其二,是计算机技术与外语课程的生态化整合理念;其三,是基于建构主义的教学理念。这三种教学理念都强调学习环境的创设和教学结构的改变这两种核心要素,它们之间是相互依托、相互补充的关系。这是三种教学理念整合成一个理论框架的关键所在(见图7-1)。下面分别介绍这两种核心要素。

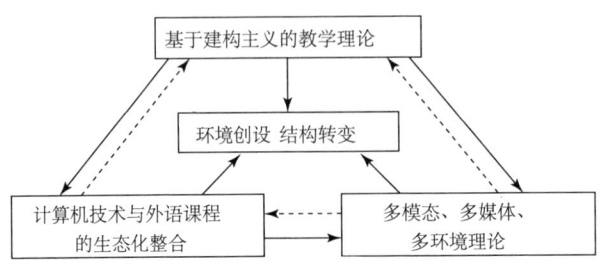

图 7-1　新型大学英语教学模式理论框架

1. 学习环境的创设

三种理论对学习环境的要求不同。多模态、多媒体、多环境理论营造的学习环境，可以使学生在其中得到多模态的体验，并且可以进行模态转化学习。计算机与外语课程生态化整合理念致力于营造数字化的学习环境。建构主义的教学理念营造的学习环境有利于交流和沟通，协助建构意义框架。这三种环境存在着密切的关系，彼此之间具有相容性，在一定程度上可以借助彼此来互相实现。首先，在当前的教学过程中，多模态学习的实现有赖于多媒体学习的协助，多媒体学习需要在数字化环境中进行。其次，上文提出的理论框架具有一定的系统性，依据该理论框架形成的教学模式更容易操作，也更容易进行验证。该理论框架有完整的理论跨度：其既有处于基础层面的哲学立场，也有处于可证伪层面的模态转换学习假说。不同于其他研究，该框架模态的多少和转换作为一个变量更容易控制和分离，因而更容易实现最初的教学设计，也更容易进行验证，如图 7-2 所示。

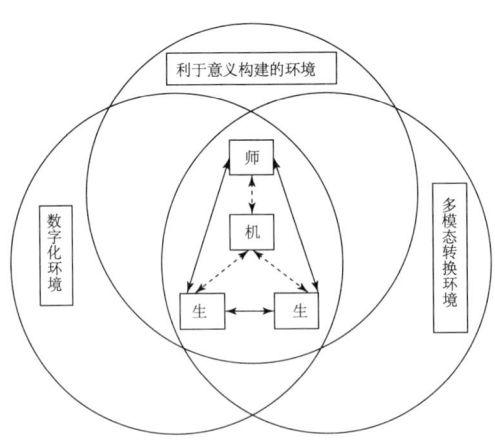

图 7-2　新模态大学英语教学模式

2. 教学结构的改变

在传统的教学模式中,教师是课堂的主体,学生则被动地接受教师传授的知识。新型教学模式的出现革新了传统的教学模式,为英语教学带来了转机。在建构主义教学理念基础上形成的教学模式,学生和教师具有同等重要的角色。在计算机与外语课程生态化整合理念基础上形成的教学模式,教师充当主导者的角色,学生具有绝对的主体性。在多模态、多媒体、多环境理论上形成的教学模式,教师是主导者,学生是课堂的主体。在这三种理念中,都把学生的主体地位看得至关重要。除此之外,计算机和网络也是生态化整合理念和多模态、多媒体、多环境理论不可缺少的教学结构组成要素。

(二)互联网时代的大学英语教学模式的优势及应用

1. 网络环境下的大学英语教学模式的优势

伴随着信息技术产生的新型大学英语教学模式,解决了传统教学模式无法实现交互性英语学习的弊端。在这种新型的教学模式中,学生可以进行主动地学习,革新了传统教学只能被动接受新知识的模式,同时可以提高学生学习的兴趣,英语学习不再局限于上课时间,具有更大的灵活性。基于信息技术的新型英语教学,充分利用了多媒体的种种形式。首先,在课程展开过程中,声像交替、图文并茂、灵活多样,为学生营造了一个有趣的学习环境。其次,师生之间可以利用像慕课、微课这样的网络平台实现线上无障碍沟通,增强了师生之间的交互性和协作性,不仅使英语学习更加有趣,也提高了学生的英语综合能力。

一方面,借助多媒体技术,英语教学的效果得到了提升。英语教学的一个主要目的是培养学生的阅读能力,由于信息量较大,教学和学习都具有一定的难度。传统的教学模式大多采用的是黑板式教学,形式单一,无法充分调动学生的学习积极性,也无法达到预期的学习效果。现在,由于多媒体和英语教学的结合,信息可以灵活多样地展示在学生面前,学生的学习积极性和自主性可以得到充分调动,从而保证了学生的学习效率。

另一方面,网络环境给师生之间的交流和沟通提供了有益的平台,改善了传统教学模式中师生之间的沟通限于课堂的状况。教师可以通过网络平台布置和批

改作业,学生也可以通过网络平台向老师请教在学习中遇到的难题。

2. 网络环境下的大学英语教学模式的应用

处于科学技术迅猛发展的今天,传统的英语教学模式既不能有效提高高校大学生的英语综合能力,也不能满足社会对新型英语人才的需求。面对这样的现状,教育部提出了"以学生为中心"的教学理念,在国内部分高校实行计算机网络辅助教学试点。

计算机网络教学模式的教学理念是"一对一",即一个学生面对一台计算机进行学习的模式。在学习过程中,学生不仅可以通过计算机学习教师讲授的知识点,也可以与教师进行一些基本的交流。当今社会需要的英语人才是同时具备阅读能力和听说能力的人才。在这一点上,计算机网络教学模式可以充分发挥技术优势,为培养具有英语综合能力的高素质人才做出贡献。

有学者曾经就网络环境下的大学英语教学是否能够达到培养学生自主学习能力和提高学生英语综合运用能力的目的展开调查,统计结果见表7-1、表7-2、表7-3。

表7-1 学生对多媒体和网络下的教学形式和内容的满意度(单位%)

频次	满意	一般	不满意
第一次调查	73	21	6
第二次调查	75	20	5
第三次调查	74	23	3
第四次调查	76	20	4
第五次调查	79	19	2

表7-2 学生对网络教学系统和多媒体课件的满意度(单位%)

频次	满意	一般	不满意
第一次调查	81	15	4
第二次调查	80	16	4
第三次调查	79	18	3
第四次调查	78	20	2
第五次调查	76	22	2

表 7-3　学生对计算机网络环境下的大学英语教学效果的满意度（单位 %）

频次	满意	一般	不满意
第一次调查	89	16	6
第二次调查	79	16	5
第三次调查	80	15	5
第四次调查	81	16	3
第五次调查	80	18	2

从上表的数据可以看出，最初部分学生难以适应计算机和网络环境下的大学英语教学模式，但随着逐渐地了解和深入，他们慢慢认同了新型的教学形式和内容。网络教学系统和多媒体课件因其具有生动、形象的特点，在刚开始引起了学生的浓厚兴趣，可是一旦过了新鲜期，学生对网络教学系统和多媒体课件的满意度有下降的趋势。从整体上来看，大多数学生对新型的教学模式还是比较认同的。

二、互联网与大学英语教学的关系

从国内外教育信息化发展现状和趋势来看，将互联网技术应用于英语等科目教学，促进互联网技术在教育、教学方面的全面应用，进而培养新世纪我国所需要的创新型人才，已成为世界各国教育信息化发展的重点和热点。

（一）互联网促进了英语教学的多元化发展

一方面，就课程教学本身而言，互联网技术的融入能够改变英语教学结构，改变传统的教师单向灌输教学的模式。该过程可以充分运用互联网技术当中的优势对课堂教学中的重点与难点进行分析讲解，提高学生学习的自主性与高效性。

同时，在教学过程中要认识到互联网技术的服务地位，根据学科特点、学生的特点以及教学内容的需要，建立合适的互联网技术及教学模式。要避免本末倒置，如果为了运用互联网技术而设计教学内容，这样不仅没有发挥互联网技术的真正作用，反而降低了效率，完全背离了互联网技术应用的初衷。

另一方面，就互联网技术教育而言，互联网技术与英语教学的融合对互联网技术教育本身也是大有裨益的。自 20 世纪末期开始，我国在基础教育阶段实施

了互联网技术教育,以培养学生运用互联网技术获取、分析、加工、处理、运用知识的能力,这已成为我国基础教育信息技术课程的教学目标。但是,由于观念和习惯等诸多方面因素的影响,信息技术课程只能占用学生极少的时间,信息技术课程教师通常运用课上时间完成知识点的串讲以及对学生的练习。由于时间有限以及信息技术学科的特点,学生往往对学习内容的理解和体会不够深刻,应用能力不足。

此外,运用互联网技术呈现教学内容的方式与传统教学模式有较大的差异。互联网技术与英语教学融合使教学方式更加生动。传统教学模式多数是教师通过语言讲授或以板书形式呈现教学内容,学习者一般被动地接受知识,久而久之会产生疲倦、乏味的感官,导致对学习内容丧失兴趣,降低了学习效率。在互联网技术的辅助下,教学内容的呈现形式向多样化发展,课堂教学不再是教师单一地使用语言文字来教学,而是采用图片、动画等多媒体手段,使得学生的积极性被极大地调动,将被动的学习状态变为主动的知识探究,激发了学生的学习兴趣,进而提高了学习效率。

(二)互联网促使英语教学目标的实现

互联网技术应用于英语教学属于一种教育改革行为,在教学过程中,互联网技术的运用在促进老师教学、学生学习和教育发展过程中起到了关键的作用。互联网技术应用于英语教学不仅有利于实现教学的目的,而且为教育改革带来了积极的影响。互联网技术为我国不同阶段的课程设计提供了更多元化的方法,同时也扩大了课程设计的范围。互联网技术所具有的强大功能,让我们的教学形式呈现了多样化的特点。

(三)互联网有助于提高教师的教学水平

互联网技术可以让教师获得更多的教学资源,实现高效率和高质量的教学。把课堂的有限时间延长到课堂外,让学生和老师拥有更多的交流时间,同时有利于老师与学生之间更深入地沟通。通过互联网技术的充分利用,让更多的老师避免重复劳动,从大量的备课和授课任务中解放出来,投入更多的精力到科研活动中。

第二节　互联网时代的大学英语教学过程中的教师与学生要素

信息技术和英语教学结合的新型教学模式，使得学生的学习更具自主性。如何在学生的自主学习中，对学生进行一定的指导、监督和管理，是当今时代英语教师应该思考的问题。

一、互联网时代大学英语教学过程中的教师要素

（一）教师对网络环境下自主学习的监督和管理的措施

学生自主学习的影响因素主要有三个方面：其一，是内因，即学习者个体；其二，是外因，如师生关系、集体氛围、社会环境等；其三，是物质性因素，如参考资料、信息资源等。相关专家在自主学习理论的基础上，结合了我国英语教学的特点，对某高校2013级网络班的自主学习提出了相应的指导、监督和管理措施。

针对学生在自主学习中遇到的问题，教师制定了对网络环境下自主学习进行指导、监督和管理的目标：第一，保证学生在网上学习英语的时间，监督学生完成学习任务；第二，培养学生自主学习的能力，帮助学生制定适合自己的学习计划；第三，培养学生的自律能力；第四，培养学生运用网络资源进行学习的能力；第五，调动学生在网络平台上参与学习讨论的积极性。教师采取了一些基本措施促使这五点学习目标的实现。

1. 引导学生制定学习策略

适合自己的学习策略可以更好地促进自主学习。学习策略有两种类型：其一，是元认知策略，其旨在解决"学什么"的问题，也就是制定一定的学习计划。教师可以用问卷调查的形式了解学生的具体需求，从而更好地帮助学生解决"学什么"的问题；其二，是认知策略，其旨在解决"如何学"的问题。教师帮助学生了解网络学习的特点，相应地安排一些有关认知策略的训练活动。在学生制订好学习计划后，教师要指出这些计划的不合理之处，并给予一定的建议。

2. 要求学生填写自主学习报告

在填写自主学习报告的过程中，学生可以对上一阶段的自主学习进行自我

评估，从而对自己的学习方法、内容做出适当的调整。但是在实际学习过程中，很少有学生评估自己的学习情况。针对这样的情况，教师要求某高校 2013 级网络班的学生在自主学习后上交一份自主学习的报告，促使他们评估自我的学习情况。除此之外，网络学习资源中也有一些自测题，学生做完试题提交后，学生的成绩会被登记下来，并为学生提供自测成绩的折线图表（图 7-3），方便学生及时了解自我学习的情况。老师可以通过自主学习报告和折线图掌握学生的学习情况，做出一定的鼓励和警告措施，更好地促进学生的学习。

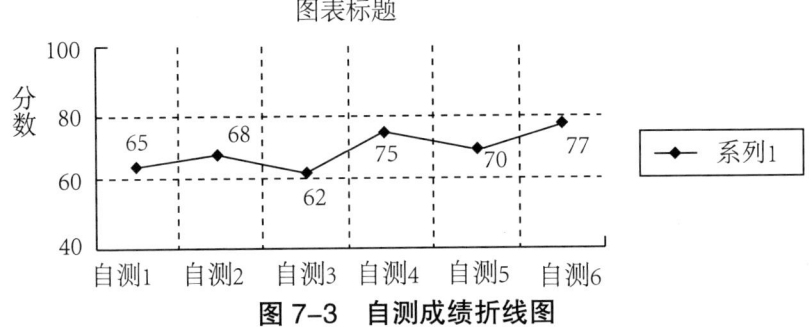

图 7-3　自测成绩折线图

3. 布置网上合作学习任务

通过布置网上合作学习任务，可以在一定程度上促进学生之间的沟通和交流，可以使学生在相互监督中进行自主学习，培养其在实践中运用知识的能力。我们知道，学生在自主学习时，老师是不在场的，当学生遇到问题时，往往最先求助的不是老师，而是周围的同学。因此合作学习的作用至关重要，老师要培养学生合作的学习意识。在 2013 级网络班中，其学习任务包括两种，分别是规定的学习任务和自定的学习任务。一般而言，规定的学习任务都需要学生之间的合作才能完成，它要求学生讨论热门的话题，找出解决难题的方法。

4. 以阶段考试、口语活动和管理模块监督学习过程

不同于传统的学习方式，教师要在课堂上监督学生的学习行为，自主学习中教师的监督职责可以通过举行一定的检查和评估手段来实现，例如阶段考试、口语活动和管理模块。2013 级网络试点班中，教师应采用在阶段考试中加大对网络学习资料考查比重的方式来督促学生对网络学习资源的利用，这种方式在检验学生学习广度的同时，也可以检验学生对学习内容掌握的深度。

5. 组织学习经验的交流讨论

教师还可以组织学生交流学习经验，具体的内容可以是学习方法、学习内容和学习中遇到的问题，也可以是学习经验和学习资料等。通过师生之间的交流，可以及时处理学生在学习过程中存在的疑惑，也可以在一定程度上提高学生的学习积极性。

（二）监控、管理方案实施效果的检验

为了检验上述监控管理措施对学生实际学习的帮助，教师可以针对"学生能否将上网时间用于学习"进行两次问卷调查（见图7-4）。第一次调查是在对2013级网络班实施监控管理之前，即第一学期期末；第二次调查是在实施监控管理之后，即第三学期期末。问卷调查中设计的问题如下。

在进行网络自主学习时，能真正用于英语学习的有效时间占上网学习总时间的百分比是：

A.90%　B.70%　C.50%　D.基本上做与学习无关的事　E.完全不学习

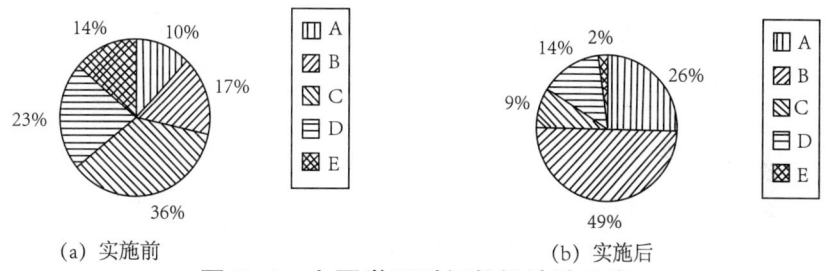

(a) 实施前　　　　　　　　　(b) 实施后

图7-4　上网学习时间数据统计图表

从图7-4可以看出，实施监控管理前后A、B、C、D、E各项指标都有所浮动。在实施管理之前，花大量时间学习的学生占（A）10%+（B）17%=27%；在实施管理之后，将大部分时间用于学习的学生百分比增加到73%。数据表明，实施监控管理措施可以在一定程度上促进学生的自主学习。

针对开展监控管理要达到的其他学习目标，相关专家设计了问卷，调查以下的学习情况（如图7-5）：一是学习策略的应用（图7-5的1、2项）；二是学习任务的完成（图7-5的3、4项）；三是自主学习行为的自我监控（图7-5的5~7项）；四是参与网上学习讨论（图7-5的8项）；五是网络资源的利用（图7-5的9、10项）；六是学习经验的交流和所能获得的帮助（图7-5的11~13项）。

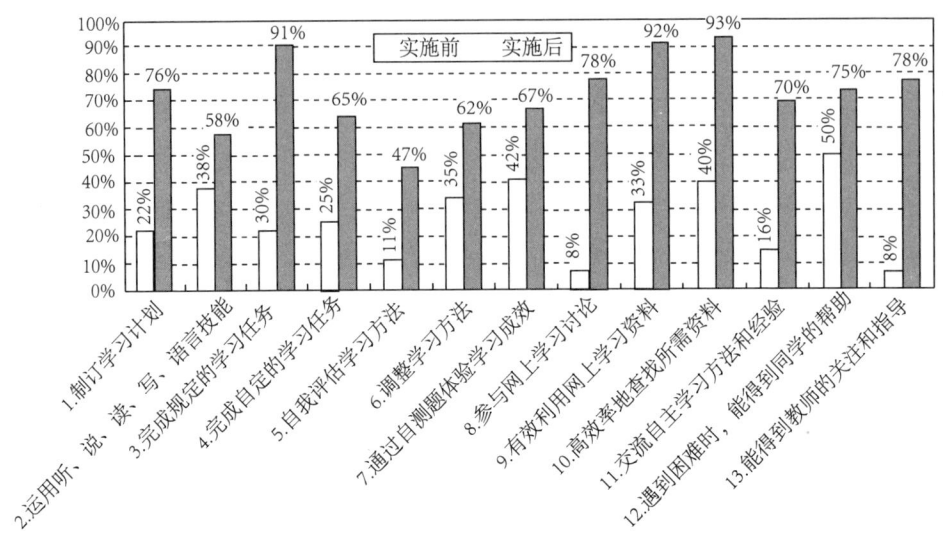

图 7-5　有关自主学习的两次问卷调查数据对比图表

从以上统计数据可以看出，监控管理措施在一些方面取得了不错的效果，如制订学习计划的学生人数有明显的增多，按时完成学习任务的学生人数也有了显著的增长。

二、互联网时代的大学英语教学过程中的学生要素

网络技术的发展使得学生的自主学习成为可能，促使了英语教学模式的革新。但是在实践过程中，也存在着不同程度的问题。就学生而言，由于缺乏一定的学习策略，在网络环境下学习可能会造成语言焦虑，具体表现为学生没有办法对学习资源进行有效的加工，看不到学习取得的进步，甚至沉迷于电脑游戏；也可能存在由于不熟悉计算机的操作，或者对屏幕学习和阅读的不适应，对语言学习造成障碍的现象。因此，相关人员应帮助学生制定合适的学习策略，以改变学生在网络环境下学习的焦虑心态。

（一）网络环境下大学生语言学习焦虑与学习策略及其关系研究

计算机网络和英语教学的结合，使教学模式发生了巨大的变化，因此在语言学习焦虑与学习策略之间出现了一些新的问题，例如，在网络上学习是否可以在一定程度上缓解学生语言焦虑的现象，是否会出现新的学习焦虑，以及降低学习焦虑应采用什么样的具体方法等。Hauck 和 Hurd 认为在网络环境下，学生的学习焦虑可以得到一定的缓解。但是 Alison Lewis 和 Stephan Atzert 则认为在网络环

境下，学生的学习焦虑可能会加剧。针对于此，Selami Aydin 进行了相关研究，结果表明，网络焦虑是由于学习者必须使用网络的情况所导致的。

随着大学英语教学改革的进一步深入，多媒体网络环境下的语言学习焦虑现象得到了国内学者的关注，并取得了很大的成果，但笔者认为其在研究方法的多样性、测量工具的本土化、研究内容的丰富化和研究发展的均衡化方面仍有很大的提升空间。

（二）研究设计

本研究致力于解决三个问题：第一，网络环境下非英语专业大学生英语焦虑总体状况以及焦虑程度差异；第二，非英语专业大学生学习策略使用的总体情况；第三，网络语言学习焦虑程度与网络学习策略的使用的关系、学习策略的不同是否会造成学生焦虑程度的差异。

本研究的研究对象是某高校的 232 名大一新生。根据英语高考成绩把他们分为 3 组，第一组的高考成绩在 90 分以下；第二组的高考成绩在 90～110 分之间；第三组的高考成绩在 110 分以上。笔者在这三组中各选了一个班，其中女生人数为 63，男生人数为 169。

本研究的主要形式是问卷调查，主要有两种，即网络外语学习焦虑量表和网络语言学习策略量表。网络外语学习焦虑量表由三部分构成：第一部分是个人信息；第二部分主要是综合性焦虑、课堂交际焦虑、负评价焦虑和网络技术焦虑等；第三部分是一些相关的问题，旨在对量化数据进行一定的补充，从而进行互相验证。网络语言学习策略量表内容有 60 项，采用五级量表制，分数的高低和策略的使用频率呈正相关。根据焦虑的得分水平，把参与调查的学生分为三组，中等焦虑者（90～100 分）、低焦虑者（90 分以下）、高焦虑者（100 分以上）。把问卷收回后，将所有的数据录入电脑，然后用相应的软件进行统计分析，把得到的数据作为调研的依据。

（三）研究结果与讨论

1. 网络环境下非英语专业大学生英语焦虑总体状况

从表 7-4 可以看出，学生的焦虑值处于 81.65～108.30 区间，45.7% 的学生为中等程度焦虑，27.6% 的学生为高焦虑，26.7% 的学生为低焦虑。这种现象的出现，主要有三方面的原因：第一，在传统教学中，师生之间的沟通和交流往往是单向的，学生比较被动，往往只有部分外向的学生才会和老师进行互动，大部分学生没有办法得到交流和锻炼的机会。而在网络环境中进行学习，一切都蒙上了虚拟的色彩，减少了比较害羞的学生的心理压力，为他们营造了交流的学习氛围。第二，网络资源较为丰富，可以提供更为多样的语言材料，再现生活中的具体场景，调动学生的学习积极性，帮他们树立学习的信心。第三，学生可以在网络上进行远程学习，弥补了传统教学存在的缺陷，从而减少学生的学习焦虑。

表 7-4　学习者总的语言学习焦虑状况

焦虑程度	学生人数	百分比 /%	平均值	标准差
高焦虑	64	27.6	108.30	6.02
中等焦虑	106	45.7	96.59	3.72
低焦虑	62	26.7	81.65	7.27

从表 7-5 可以看出，语言学习者最焦虑的是听、说、读、写的综合能力，其次是交际焦虑，再次是考试焦虑。这种现象的出现，主要有两方面的原因：第一，无论是在传统课堂上，还是在网络课堂中，主要注重对学生英语听、说、读、写综合能力的培养。而由于我国的高考制度，大一新生的听说能力相对较差。第二，非英语专业的学生不太重视在日常生活中英语的学习，只关心期末英语考试的成绩，其评价形式是形成性和终结性的结合。

表 7-5　网络语言学习焦虑表现值

焦虑程度	数据结果	综合性焦虑	交际焦虑	负评价焦虑	考试焦虑	网络技术焦虑
高焦虑	平均值	30.23	25.42	16.52	12.41	23.39
	标准差	2.79	2.83	2.88	2.09	3.46
中等焦虑	平均值	26.93	22.15	14.53	11.12	21.98
	标准差	2.92	2.46	2.36	1.76	3.94
低焦虑	平均值	22.71	18.79	11.71	10.16	18.40
	标准差	3.52	2.89	2.34	2.21	3.41

2. 网络学习策略使用总的状况

从表 7-6 可以看出，学习者总的学习策略使用平均值是 28.605，这表明在借助网络进行学习时，学生偶尔使用学习策略的情况。这种现象的出现，主要有两方面的原因：第一，大一新生还没有转变传统教学模式的思维，认为学习策略就是学习方法，还没有认识到网络学习策略对于英语语言学习的价值。第二，大一新生的自律能力相对较差，往往迷失于网络丰富的资源中而没有将其有效地整合利用。

表 7-6 学习策略及分类策略的描述性统计

学习策略种类	平均值	标准差	使用频率
记忆	21.30	5.73	6
认知	33.72	6.55	2
补偿	28.67	5.28	3
元认知	40.19	8.41	1
情感	22.31	4.61	5
社会	25.44	6.41	4
总值	28.605	29.78	一般使用

3. 网络语言学习焦虑与学习策略使用的关系

表 7-7 描述的是语言焦虑和学习策略之间的关系，它表明语言焦虑和学习策略使用之间的负相关关系。

表 7-7 语言焦虑和学习策略之间关系的推断性描述

项目	相关性	焦虑	学习策略
语言焦虑	人际交往	1	−0.280
	重要性（2-tailed）	0.000	
	计算值 N	232	232
学习策略	人际交往	−0.280	1
	重要性（2-tailed）	0.000	
	计算值 N	232	232

第三节 互联网时代的英语慕课、微课教学平台的搭建

如何在教学与信息技术深度融合的背景下，实现英语教学手段、教学内容呈现形式、教学组织形式等方面的创新，更好、更快地达到英语教学目标是信息技术与教学深入融合领域的一个热点问题，而基于慕课和微课的混合式英语教学更是人们探索的焦点。

一、慕课在英语教学中的应用

（一）慕课的概念

2012 年，MOOC（Massive Open Online Course，大规模在线开放课程）井喷式涌现，被媒体称为"MOOC 之年"。MOOC 是一种新形态的学习模式，可提供

公平、开放、自主的学习机会，成就每一位学生，逐步实现全民教育。

MOOC以学习者、社交网络和移动学习为核心，由一群愿意分享与深化自我知识的学习者组成，通过各种Web 2.0与移动学习工具进行特定主题的学习。

（二）慕课的特征

在人类教育的发展史上，开放式教育资源运动起到了至关重要的作用，为当代教育的改革做出了重大贡献，使知识共享成为当今时代的关键词。但开放式教育资源仍存在一定的局限性，其共享的是课程、素材和资源，并不是对通过网络进行学习的人进行相对系统的教学。学习者的自主积极性并没有得到提高，慕课的出现在一定程度上弥补了开放式教育的不足，从而得到了快速的发展，图7-6描述了慕课与开放式教育资源运动的发展轨迹。

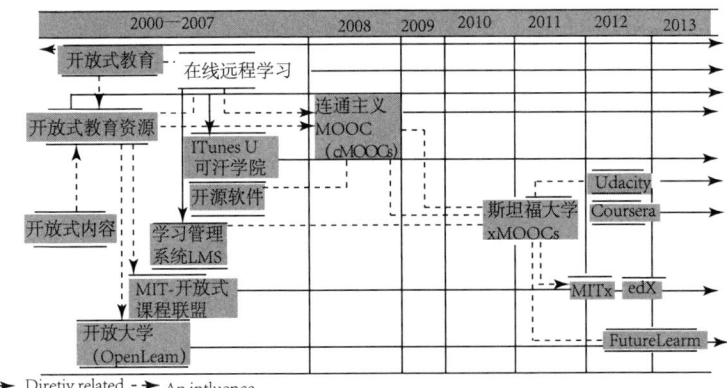

Adapted from Yuan and Powell [2013]MOOCs and Open Education: Implications for Education[CETIS]

图7-6 慕课与开放教育资源运动的发展轨迹

1. 慕课与开放式课程（OCW）

开放式课程中只具有一定的学习资源，对于真正的学习是远远不够的。慕课是开放式教育资源活动的发展和突破。慕课的产生其实是开放式课程从单纯的资源共享转变为通过网络来进行教学的过程。

不同于传统的网络公开课，慕课并不仅仅是简单的课程录像，而是具有线下教学一般特点的网上课堂，和一般的学校课堂一样有作业、小测试、考试等内容。从开放式课程发展到慕课，其实是学习中心的变化。慕课继承了开放式课程知识共享的特点，让不同的人都可以通过网络来进行学习。同时，慕课借鉴了在线教育的一些经验，着力营造课堂学习的现场感，通过完善网络平台的设计，使师生之间的交流更加方便，让学习突破时间和空间的限制。表7-8是慕课与开放式课程（OCW）的对比表。

表7-8 慕课与开放式课程（OCW）的对比

	开放式课程（OCW）	慕课
教学环节	不完整	完整
课程视频	章节视频	基于知识点的短视频
课程交互	无	讨论区 在线测试与作业 线下见面会（Meetup）
课程评价	无	作业 考试
课程认证	无	课程证书

2. 慕课系统

从本质上来看，慕课是为广大社会成员提供的一种新型的学习方式，致力于构建更为合理的学习生态系统。慕课所构成的学习生态系统中主要有社会环境、技术环境和教学环境三部分，如图7-7所示。为了推进慕课的健康发展，需要保证学习生态系统各个要素的协调和平衡。

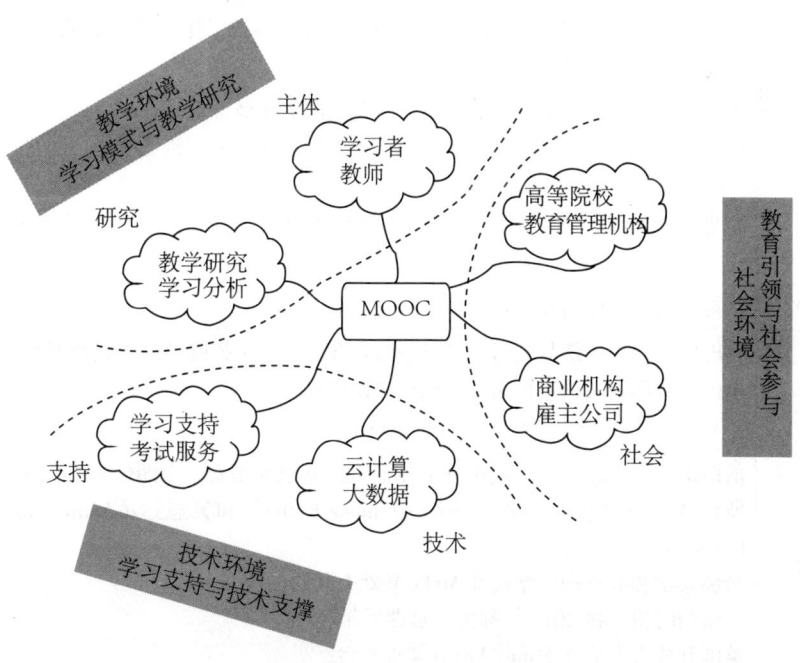

图7-7 慕课学习系统

开放教育资源运动在过去的数十年中取得了很大的成就，如表7-9所示。

表7-9 开放教育资源运动2001-2014年重要事件表

年度	重要事件
2001	麻省理工学院开放式课程项目启动
2002	联合国教科文组织（UNESCO）举行专题论坛，将开放式课程发展到开放教育资源并界定内涵 卡内基梅隆大学启动开放学习项目（Open Learning Initiative，OLI）
2003	麻省理工学院开放式课程项目正式发布500门课程 我国教育部启动精品课程建设项目
2004	萨尔曼·可汗在YouTube发布视频课程短片
2005	开放式课程联盟成立，开展组织推广和研究工作 首届开放式教育国际会议在犹他州立大学召开，UNESCO举办第二次开放教育资源论坛
2006	开放共享协议（Creative Commons）开始较大规模地应用到开放教育资源的发布中 英国开放大学启动实施开放内容创新项目（Open Content Initiative，OCI）后更新为开放学习（Open Learn）项目，成为第一个启动实施开放教育资源项目的远程教育机构 苹果公司推出iTunes U 萨尔曼·可汗成立可汗学院
2007	中国累计发布国家级精品课程约1800门，启动第二期精品课程建设，规划建设国家级精品课程3000门
2008	大卫·柯米尔与布莱恩·亚历山大联合提出慕课概念 乔治·西蒙斯与斯蒂芬·唐斯开设第一门慕课——"连通主义与关联知识"（CCK08）
2009	哈佛大学与波士顿公共电视台合作制作哈佛大学教授迈克尔·桑德尔的"公正"课程
2010	网易推出"全球名校视频公开课项目"
2011	塞巴斯蒂安·史朗与彼得·诺维格联合开设"人工智能导论"免费课程 中国教育部开展国家精品开放课程建设项目 MIT宣布将推出网上学习新计划MITx
2012	前斯坦福大学教授、谷歌X实验室研究院塞巴斯蒂安·史朗创建Udacity 斯坦福大学教授达芙妮·科勒（Daphne Koller）和吴恩达（Andrew Ng）创建Coursera 哈佛大学和麻省理工学院在MITx基础上共同创建edX 《纽约时报》将2012年称为"慕课元年" 英国开放大学成立Future Learn课程平台

续表

年度	重要事件
2013	Coursera 首批 5 门课程通过 ACE 的学分评估 欧洲 17 国创建 OpenupED 德国 iVersity 平台推出首批 24 门慕课课程 法国推出数字大学国家级在线教育战略 澳大利亚开放大学成立 Open2Study 课程平台 清华大学、北京大学、香港大学、香港科技大学加入 edX 北京大学加入 Coursera 上海交通大学、复旦大学加入 Coursera edX 推出 XSeries
2014	Coursera 推出专项课程（Specializations）项目 MOOC.org 计划运行

（三）慕课在中国的发展

1. 高等院校

从国际上来看，慕课最初先是引起了世界一流的高等院校的注意。同样，在中国，也是一些第一梯队的大学首先开始重视慕课对于教学的作用。笔者用表格的形式梳理出了慕课在中国的发展历程，见表 7-10 所示。

表 7-10　慕课在中国的发展历程

院校	事件
清华大学	2013 年 5 月 21 日，加入 edX 2013 年 8 月 10 日，在 edX 开放两门在线课程："电路原理"和"中国建筑史" 2013 年 6 月，组建团队打造基于 edX 开源代码的中文平台 2013 年 10 月 10 日，正式发布"学堂在线"，面向全球提供在线课程"电路原理""中国建筑史"等五门课程作为第一批上线课程在平台开放校内课程"C++程序设计"和"云计算与软件工程"在平台进行混合式教学
北京大学	2013 年 3 月，发布《北京大学关于积极推进网络开放课程建设的意见》，致力于推进网络开放课程建设 2013 年 5 月 21 日，加入 edX 2013 年 9 月 23 日，首批四门课程"20 世纪西方音乐""民俗学""电子线路"和"世界文化地理"在 edX 平台对全球用户开课 2013 年 9 月 8 日，与 Coursera 签订协议，正式加入 Coursera 2013 年 9 月 30 日，在 Coursera 平台上首期发布三门课程

续表

院校	事件
上海交通大学	2013年7月8日,和复旦大学同时加入Coursera联盟,成为加盟Coursera的首批中国内地高校 2013年12月1日,首批两门课程"数学之旅"和"中医药与中华传统文化"在Coursera上线 2014年4月8日,发布自主研发的中文慕课平台"好大学在线"(www.cnmooc.org)
复旦大学	2013年7月8日,和上海交通大学同时加入Coursera联盟,成为加盟Coursera的首批中国内地高校 2014年4月1日,首门课程"大数据与信息传播"在Coursera上线
香港科技大学	2013年4月,香港科技大学的努巴哈夫·沙里夫(Naubahar Sharif)教授开设了亚洲的第一门慕课——"科学、技术与社会在中国"(Science, Technology, and Society in China) 2013年5月21日,加入edX
香港大学	2013年5月21日,加入edX 2013年9月,开始在Coursera上开设第一门课程——"人民币在国际货币系统中的角色")(The role of the Renmibi in the International Monetary System)
台湾大学	2013年2月21日,加盟Coursera 2013年8月31日,推出首批慕课"中国古代历史与人物——秦始皇"和"概率"。

2.高等院校联盟

慕课的进一步发展,引起了各大高校的注意,在相关部门的指导下,多所高校成立了开放性和服务性的课程联盟,探索中国的慕课发展之路。高等院校的课程联盟在网络视频基础上,建立了混合式的教学模式,致力于优质课程市场化共享机制的形成,促使优质教学资源的知识共享,推动教学方式的革新。

(1)上海高校课程中心

上海高校课程中心是上海市教委在2012年建立的大型在线教学平台,旨在实现高校课程教学资源的知识共享,其主要目的是在上海市建立长期持续的校际之间的课程资源共享机制,为上海各大高校的学生提供跨校选课等学习支持(见图7-8)。到目前为止,有30多所上海高校加入了该联盟,其中包括复旦大学、上海交通大学、同济大学等。这30所加入联盟的高校要负责推荐一些通识课程,再交由质量管理委员会进行筛选,经过确定授课模式等程序后,便可向学生推出课程,供他们自由选择。上海高校课程中心的教学方法主要有在线进阶式学习、见面课直播互动、小组讨论等，在该课程中心获得的学分，任何一所成员大学都予以认可。在 2012 年，上海高校课程中心首次推出 7 门对外开放课程，选课人数多达三千人，其中"哲学导论"课程最受欢迎。

图 7-8　上海高校课程中心平台界面

（2）东西部高校课程共享联盟

中国东西部高校课程共享联盟成立于 2013 年 4 月（见图 7-9），发起院校是重庆大学，主要联盟院校有四川大学、中国人民大学、北京理工大学、复旦大学、上海交通大学、兰州大学等。该联盟的建立旨在促进我国教学方式的改革，实现高校课程教学资源的知识共享，弥补教学资源匮乏的院校的不足。东西部高校课程共享联盟的建立可以在一定程度上缓解各高校校内选课不足的现状，通过跨领域教学的实现，培养更适合社会发展的高素质人才。

图 7-9　中国东西部高校课程共享联盟平台界面

（3）华东师范大学慕课中心

华东师范大学慕课中心是华东师范大学在2013年9月成立的专门组织，旨在研究和开发基础教育、教师教育慕课，同时促使慕课在各学科领域的实施（见图7-10）。

图7-10　华东师范大学慕课中心平台界面

华东师范大学慕课中心借助学术影响力，联合了全国范围内知名的师范类院校和中小学，致力于研发优质的在线课程，实现知识的共享。在此基础上，致力于探索适合时代发展和社会需求的教学模式，从而提高人才的素质，推动我国教学的发展。

（四）英语教师对慕课的看法

2013年，Enterasys以数百名高校教师为调查对象，深入探析了高校英语教师对慕课的看法，见表7-11所示。

表7-11　Enterasys的教师慕课调查

调查问题	教师回答	
你所在的学校开设或准备开设某种形式的在线课程吗	已经开设	74%
	计划三年内开设	16%
	无开设计划	10%
你所在的学校开设或准备开设慕课吗	已经开设	13%
	计划三年内开设	43%
	无开设计划	44%
你认为慕课与传统教育是相互补充的关系还是相互竞争的关系	相互补充	84%
	相互竞争	16%
你认为慕课适合哪种情况	继续教育	71.8%
	非学历教育	58.6%
	教师培训	53.4%

续表

调查问题	教师回答	
你认为慕课类课程适合哪种情况	技术课程	51.7%
	补救课程	46.6%
	所有课程	19.0%
	都不适合	2.3%
你认为慕课最大的价值是什么	促进教育发展	44%
	提高学校知名度	35%
	提高课堂教学质量	16%
你认为慕课最大的缺点是什么	缺乏统一的检验和评价系统	41%
	开发和维护的成本高	25%
	时间成本高	15%
	与课堂课程的竞争	12%
你所在的学校在慕课中授予课堂学分吗	是的,现在或计划	44%
	不会	55%
你所在的学校在考虑加入 Coursera、edX 或 Udacity 等吗	是的	83%
	不会考虑加入	17%
你认为慕课将来会取代传统课堂教学吗	永远不会	67%
	会,但至少在6年之后	28%
	会,5年内	5%

(五)慕课的运行模式和英语课程组织形式

每门 MOOC 课程都有一个中心平台,由课程协调人员负责管理和维护。

1. 慕课的运行模式

MOOC 的运行模式如图 7-11 所示。

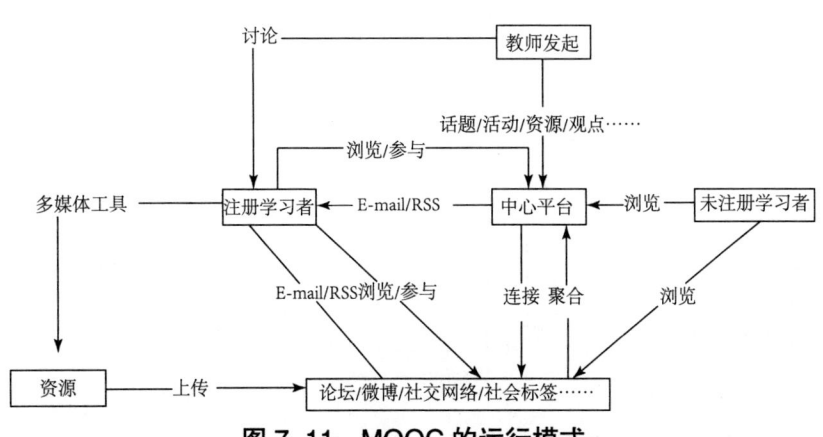

图 7-11　MOOC 的运行模式

2. 慕课的课程组织形式

2012年迅速发展起来的Coursera、Udacity、edX等，进一步推动了MOOC的发展，推动了全球开放式教育运动的新发展，被认为是2012年教育领域的重要事件之一，标志着人类文明传承和知识学习方式将发生革命性的变化。

（1）cMOOC模式

cMOOC是建立在关联主义（一种学习理论，强调了社会和文化语境的作用）的理论基础之上，即知识是网络化连接的。cMOOC的英语课程模式如图7-12所示。

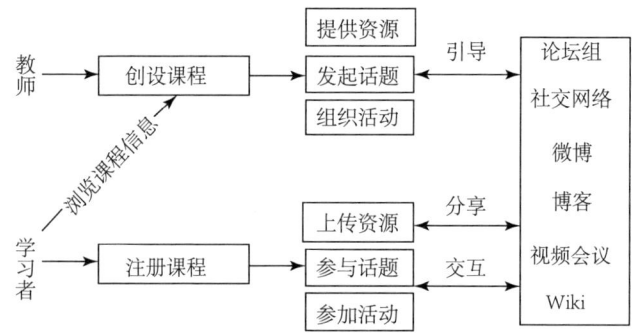

图7-12 cMOOC的英语课程模式

（2）xMOOC模式

xMOOC以2012年发展迅速的Coursera、Udacity、edX等为代表。xMOOC的教学模式比较清晰，而且比较容易操作。xMOOC的英语课程模式如图7-13所示。

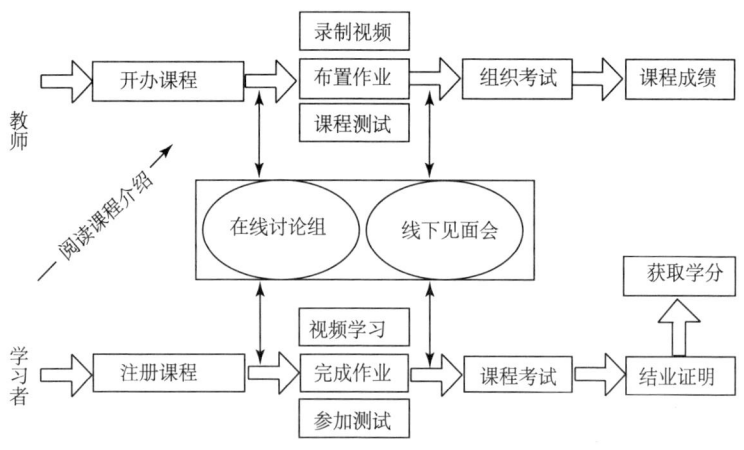

图7-13 xMOOC英语课程模式

（3）MOOC 课程组织形式的比较

cMOOC 课程模式更接近传统教学过程和理念。cMOOC 与 xMOOC 的比较如表 7-12 所示。

表 7-12　cMOOC 与 xMOOC 的比较

	cMOOC	xMOOC
时间	2008 年至今	2011 年至今
典型项目	CCK08，DS106，eduMOOC，MobiMOOC	Udacity，Coursera，edX，U2
理论支持	关联主义学习理论	行为主义学习理论
模式特征	基于主题的	基于内容的
	侧重于知识的建构和创造	侧重于知识传播和复制
	强调创造、自治和社会网络学习	强调视频、作业、测试等学习方式
课程结构	以学习内容为起点，学生通过资源共享与交互扩展学习	传统的课程结构与教学流程
教学内容	分布式、开放性的内容安排	常规的教学内容结构安排
师生关系	变化的、开放的师生关系	传统的师生关系
学习目标	学习者共享、创作知识	学习者掌握学习内容
课外讨论	分布式、多种社交媒体支持	基于课程的集中式论坛、线下见面会
测试与评估	教师综合评估	基于软件的测评、自评、学习者互评

二、微课在英语教学中的应用

（一）微课的概述

1. 微课的界定

"微课"（Micro-lecture）是"微型视频网络课程"的简称，第一个将教学和"微课"相结合的学者是美国新墨西哥州圣胡安学院的 David Penrose 教授。

在我国，对 Micro-lecture 的译名还没有进行统一，现在用得比较多的是"微课""微型课程""微课程"等。在对微课进行研究的过程中，由于视角的不同，不同的学者对微课的定义也不尽相同，如表 7-13 所示。

表 7-13　国内部分学者对微课的不同定义

研究者	定义	分类	共同点
张一春	"微课"是指为使学习者自主学习获得最佳效果，经过精心的信息化教学设计，以流媒体形式展示的围绕某个知识点或教学环节开展的简短、完整的教学活动	课	目标单一 内容短小 时间很短 结构良好 视频格式
黎加厚	"微课程"是指时间在10分钟以内，有明确的教学目标，内容短小，集中说明一个问题的小课程		
胡铁生	微课又名微型课程，是基于学科知识点而构建、生成的新型网络课程资源。微课以"微视频"为核心，包含与教学相配套的"微教案""微练习""微课件""微反思"及"微点评"等支持性和扩展性资源，形成一个半结构化、网页化、开放性、情景化的资源动态生成与交互教学应用环境	课程	
焦建利	微课是以阐释某一知识点为目标，以短小精悍的在线视频为表现形式，以学习或教学应用为目的的在线教学视频		
郑小军	微课是为支持翻转学习、混合学习、移动学习、碎片化学习等多种学习方式，以短小精悍的微型教学视频为主要载体，针对某个学科知识点或教学环节而精心设计开发的一种情景化、趣味性、可视化的数字化学习资源包	教学资源	

微课作为新兴的教育资源，与传统的教育资源类型存在着很大的不同，如表7-14所示。

表 7-14　微课与部分教育资源类型的特征对比

	微课	课件	网络课程	媒体素材
技术形态	视频	PPT、动画、可执行文件	以富媒体形态呈现的学习内容及教与学支持环境	文本、图形/图像、音频、视频、动画
结构化程度	中偏高	中偏低	高	低
适用领域	自主学习、课堂教学	课堂教学	自主学习	教师备课
应用对象	学习者、教师	教师	学习者	教师
设计理念	学习者为中心	教师为中心	学习者为中心	

2. 微课的类型

依据课堂的教学方法对微课进行分类的话，微课大致可以分为11类（见表7-15所示）。

表 7-15 微课的分类及适用范围

分类依据	常用教学方法	微课类型	适用范围
以语言传递信息为主的方法	讲授法	讲授类	适用于教师运用口头语言向学生传授知识（如描绘情境、叙述事实、解释概念、论证原理和阐明规律）。这是中小学最常见、最主要的一种微课类型
	谈话法（问答法）	问答类	适用于教师按一定的教学要求向学生提出问题，要求学生回答，并通过问答的形式来引导学生获取或巩固检查知识
	启发法	启发类	适用于教师在教学过程中，根据教学任务和学习的客观规律，从学生的实际出发，采用多种方式，以启发学生的思维为核心，调动学生的学习主动性和积极性，促使他们生动活泼地学习
	讨论法	讨论类	适用于在教师指导下，全班或小组围绕某一中心问题通过发表各自意见和看法，共同研讨、相互启发、集思广益地进行学习
以直接感知为主的方法	演示法	演示类	适用于教师在课堂教学时，把实物或直观教具展示给学生看，或者作示范性的实验，或通过现代教学手段，通过实际观察获得感性知识以说明和印证所传授知识
以实际训练为主的方法	练习法	练习类	适用于学生在教师的指导下，依靠自觉的控制和校正，反复地完成一定动作或活动方式，借以形成技能、技巧或行为习惯。尤其适合工具性学科（如语文、外语、数学等）技能性学科（如体育、音乐、美术等）
	实验法	实验类	适用于学生在教师的指导下，使用一定的设备和材料，通过控制条件的操作过程，引起实验对象的某些变化，从观察这些现象的变化中获取新知识或验证知识。在物理、化学、生物、地理和自然常识等学科的教学中，实验类微课较为常见
以欣赏活动为主的教学方法	表演法	表演类	适用于在教师的指导下，组织学生对教学内容进行戏剧化的模仿表演和再现，以达到学习交流和娱乐的目的，促进审美感受和提高学习兴趣。一般分为教师的示范表演和学生的自我表演两种

续表

分类依据	常用教学方法	微课类型	适用范围
以引导探究为主的方法	自主学习法	自主学习类	自主学习是与传统的接受学习相对应的一种现代化学习方式。以学生作为学习的主体，通过学生独立的分析、探索、实践、质疑、创造等方法来实现学习目标
	合作学习法	合作学习类	合作学习（Collaborative Learning）是一种通过小组或团队的形式组织学生进行学习的一种策略
	探究学习法	探究学习类	适用于学生在主动参与的前提下，根据自己的猜想或假设，运用科学的方法对问题进行研究，在研究过程中获得创新实践能力，获得思维发展，自主构建知识体系的一种学习方式

3. 微课的构成要素

如上文所述，微课是一种数字化教育资源，具备教育资源的一般构成要素，即目标、内容、教的活动、交互与多媒体。

（1）目标。教学目标指的是教师在开展教学活动之前预期达到的教学成效，主要特点是单一性和明确性。微课的目标有两个方面的含义：其一，是在学习中应用微课的学习目的，即为什么设计微课。微课主要应用在教学阶段，以解决学生在学习过程中遇到的难题为授课目的。其二，是应用效果，即以微课教学可以帮助学生掌握什么知识，培养学生什么样的能力。

（2）内容。内容是教师为了实现微课预期目标而选择的素材和信息。教师需要遵循灵活性原则来选择微课内容，要根据不同的教学阶段和不同的学生个体，有针对性地对教学内容进行加工和处理。微课内容和"教的活动"具有密切的关系，微课内容直接影响着"教的活动"的设计。由于微课授课时间相对较短，教师在进行课程设计时要注意选择内容短小、主题明确、相对独立的微课内容。

（3）教的活动。"教的活动"是教师通过对特定微课内容的加工和讲授，向学生传递知识的活动，主要分为教师教授、教师演示、教师操作、教师与其他活动主题的言语对话等活动类型。微课目标的实现主要依赖于教的活动。在教的活动中，教师可以培养学生的思维能力，帮助学生建立知识框架等。

（4）交互与多媒体。为了使学生更好地理解老师传授的知识，教师在开展"教的活动"时可以借助一些教学工具。在微课中，这种教学工具只有"交互工具"和"信息呈现工具——多媒体"两种。在微课课堂上,交互工具可以促进学生更有效地进行信息交互和操作交互,其交互的类型和形式如表7-16所示。可以应用于微课课堂的多媒体资源主要有课件、图形图像、动画、视频等,教师可以利用这些多媒体资源来表达和解释一些难以掌握的知识点,从而提高教学效率。

表7-16 微课的交互类型与形式

类型	形式	直接交互对象
概念交互	引发认识冲突的画面	学生与多媒体信息
	引发认识冲突的言语	
	提问性的言语	
信息交互	叙述性的画面	
	叙述性的言语	
操作交互	人机交互工具	学生与交互界面

微课的这五项构成要素是不可分割的有机整体。教师在进行教学规划时,要精心设计这五大要素的内容,为培养高素质的人才做出努力。

(二)微课对英语教师的影响

1. 微课视域下对英语教师的新要求

(1)转变教学思维。传统的英语教学采用的是教师在讲台上授课,学生在座位上被动听讲的模式,缺乏师生之间的交流和沟通。而且,由于师资的匮乏,英语教学大多是大班授课,在课程进度上采用齐步走的策略,只能照顾处于中间水平的一些学生,无法兼顾英语水平低和水平高的学生。微课的出现,改变了传统的教学模式,学生的学习场所不再受空间的限制,学习时间也更加灵活。只要有网络和移动设备,随时随地都可以学习。面对这样的教学改革趋势,英语教师要紧跟时代的潮流,转变自己的教学思维,使科技为我所用,更好地服务于英语教学事业。

(2)搭建网络社群。为了使微课更好地和英语教学结合起来,建设英语学习的网络平台和资源库很有必要。

第一,网络平台的组建。英语教师可以建立一些像QQ群和微信群这样的组织群体,进行互动和交流,从而更好地发挥微课在英语教学中的优势。所谓的微课网络平台指的是在虚拟网络空间进行交流和学习的学习组织。该组织成员都是为了自身更好地发展而自发走到一起的。每个人的知识和经验都是有限的，在遇到一些难以解决的教学难题时，往往需要借助团体的力量，从而把隐形的知识转化为可以为大家所掌握和运用的显性知识。在网络平台互动中，英语教师可以提出自己遇到的问题，寻求大家的帮助，实现资源的共享，更好地促进整体教学素养的提高。

第二，微课资源库的建设。长久以来，英语学习资源的匮乏是阻碍我国英语教学水平提高的重要因素之一。微课的兴起使得这个问题的解决有了可能。在建设微课资源库时，首先，要确保微课网络平台的开放性，其次，相关机构和部门要组织一些评选活动来调动教师参与微课视频制作的积极性，再次，要致力于微课资源库的规范化和专业化。

（3）提升信息技术素养。微课的制作需要借助信息技术。一个高品质微课视频的制作，需要英语教师熟练地运用信息技术。因此，英语教师只有不断提升自己的信息技术素养，才能更好地使用微课，使微课服务于英语教学。

（4）"微研究"的开展。教师自身素养的提升有赖于"科研引领，自我反思"。在教学过程中，每个老师都会遇到一些小问题。要想提高自身的教学素养，英语教师要对这些出现的小问题进行思考，展开具有一定深度的"微研究"。所谓的"微研究"指的是"发现小问题——梳理小问题——寻找解决方案——解决问题"的过程，具有循序渐进和螺旋上升的特点。在进行"微研究"的过程中，教师的教学能力可以得到不断地提高。

2. 微课视域下英语教师的角色定位

（1）学习者。当今时代是一个需要个体终身学习的时代，越来越多的人加入了"泛在学习"的队伍，不断为自己进行充电。"泛在学习"是一种新型的学习方式，是对只能在课堂进行学习的传统模式的颠覆，实现了学习的任意性和随时性。微课多是5~10分钟的短视频，因此学习者可以在零碎时间进行观看和学习。随着数字化时代的持续发展，过去"一劳永逸"式的学习方法已经落伍，知识在不断地进行更新换代。英语教师只有不断地学习，提高自我的能力和水平，才能跟上"微学习"的脚步，不落后于高速发展的时代。

(2)主导者。作为新型的教学模式,微课可以促进教师的自主性。不同于传统集体授课的模式,英语教师可以根据自身的需要选择微课的内容,这样就避免了教授一些自己不感兴趣的内容,可以更好地激发教师工作的积极性。同时,教师可以根据学生的在线反馈对教学进度、教学内容做出适当的调整,从而引领微课课堂,成为英语教学过程中的主导者。

(三)微课和英语教学

1. 微课英语教学的基本原则

不同于传统的英语教学,用微课进行英语教学要遵循独特的原则。

(1)简洁易懂。顾名思义,微课的主要特征是"微",其视频时长一般不超过10分钟。为了把握好这10分钟的有效时长,英语教师在制作微课的过程中要做到"精简"。微课是围绕着具体某一知识点展开的,因此,英语教师的教学内容要围绕着这一知识点的核心内容展开,尽量使用简短并通俗易懂的语言,透彻地展开讲解。

(2)观感舒适。优秀的微课主要具有三方面的特征:一是简洁的文字;二是精美的画面;三是和谐的音乐。首先,为了确保最佳的听课效果,在播放微课的同时,最好配以适当的字幕。字幕的文字要简洁,最好以少量的文字传达给观众更多的信息量。其次,英语教师要从宏观的角度出发,去设计微课的内容。在内容上,要确保逻辑分明;在形式上,要确保画面的精美,使学生有最佳的观感。最后,微课的背景音乐要和谐。音乐的插入可以在一定程度上提高微课的教学效果。但是要注重音乐的选择,不能本末倒置,最关键的还是微课的授课内容。

(3)内容完整。微课的形式简短,但同样承载着完整的知识体系。因此英语教师在制作微课时,要提炼出鲜明的观点,同时举例要通俗易懂,以确保学生的学习效果。

2. 微课英语教学的基本策略

(1)按上课要求设计和组织教学。与传统的"说课"对课程结构性的重视不同的是,微课注重的是课程的知识性。微课以短视频的形式向学习者呈现精简的教学内容,它具有时间短、内容精、容量小、反馈快等特点。在整个微课的制作过程中，学生几乎是零参与的，主要体现的是教师的教学水平。

（2）精心取舍教学内容，突出重点。微课的独特之处，就是在短时间内教授一些经典的知识点。因此，英语教师在设计微课时，必须对教学内容做出取舍，讲解最为关键的知识点。

（3）选用适当、合理的教学方法。从表面上来看，微课教学是单向度的。但这并不意味着教师在制作微课时，可以不考虑学生的观感。相反，英语教师一切教学活动的开展，必须以学生的学习为出发点，要采用多种教学方法来激发学生的学习积极性。

（4）建构完整的课堂结构。在微课堂中，教师要开门见山，直奔主题，突出教学重点。在切入主题后，教师要运用各种教学手段，对主题进行深剖浅析。最后要有一个概括性的小结，使教学结构具有完整性。

（5）强化亮点，清晰演示。微课是一种新型的教学模式，弥补了传统教学模式只注重构建系统性的知识框架，不注重对细微知识点讲解的缺陷。因此，英语教师在微课堂上，要对重点的知识点进行详细的剖析，引导学生更好地掌握英语知识。

参考文献

[1] 蔡基刚. 中国大学英语教学路在何方 [M]. 上海：上海交通大学出版社，2012.

[2] 陈坚林. 计算机网络与外语课程的整合 [M]. 上海：上海外语教育出版社，2010.

[3] 陈品. 大学英语教学理论与实践 [M]. 天津：南开大学出版社，2013.

[4] 程东元. 外语教学技术 [M]. 北京：国防工业出版社，2008.

[5] 崔刚，孔宪遂. 英语教学十六讲 [M]. 北京：清华大学出版社，2009.

[6] 杜秀莲. 大学英语教学改革新问题新策略 [M]. 济南：山东大学出版社，2011.

[7] 范革新. 英语教学策略与方法 [M]. 北京：知识出版社，2005.

[8] 冯莉. 大学英语语法教学理论与实践 [M]. 长春：吉林出版集团有限责任公司，2009.

[9] 范谊，等. 面向 21 世纪外语教学：论进路与出路 [M]. 重庆：重庆出版社.1998.

[10] 付克. 中国外语教育史 [M]. 上海：上海外语教育出版社，1986.

[11] 何克抗. 教育技术学 [M]. 北京：北京师范大学出版社，2002.

[12] 乐眉云. 语言技能教学法 [M]. 北京：教育科学出版社，1995.

[13] 李荫华. 研究规律，改进教学——大学英语教学研究 [M]. 上海：上海外语教育出版社，2002.

[14] 刘润清，戴曼纯. 中国高校外语教学改革现状与发展策略研究 [M]. 北京：外语教学与研究出版社，2003.

[15] 陆宏，孙月升. 信息技术与课程整合的理念与实施 [M]. 北京：首都师范

大学出版社，2007.

[16] 马颖峰. 网络环境下的教与学 [M]. 北京：科学出版社，2005.

[17] 钱俊生，余谋昌. 生态哲学 [M]. 北京：中共中央党校出版社，2004.

[18] 施良方，崔允漷. 教学理论：课堂教学的原理、策略与研究 [M]. 上海：华东师范大学出版社，1999.

[19] 束定芳. 外语教学改革：问题与对策 [M]. 上海：上海外语教育出版社，2004.

[20] 王守仁. 高校大学外语教育发展报告 [M]. 上海：上海外语教育出版社，2008.

[21] 吴林富. 教育生态管理 [M]. 天津：天津教育出版社，2006.

[22] 余胜泉，吴娟. 信息技术与课程整合——网络时代的教学模式与方法 [M]. 上海：上海教育出版社，2005.

[23] 徐明成. 现代教育技术 [M]. 北京：电子工业出版社，2008.

[24] 张文兰. 信息技术环境下的小学英语教学设计研究 [M]. 北京：科学出版社，2005.

[25] 张筱兰. 信息技术与课程整合的理论与方法 [M]. 北京：民族出版社，2004.

[26] 张正东. 外语立体化教学法的原理与模式 [M]. 北京：科学出版社，1999.

[27] 钟志贤. 信息化教学模式 [M]. 北京：北京师范大学出版社，2006.

[28] 祝智庭. 现代教育技术——走向信息化教育 [M]. 北京：教育科学出版社，2002.

[29] 庄智象. 全国高校"新理念"大学英语网络教学试点方案 [M]. 上海：上海外语教育出版社，2004.

[30] 李定仁，范兆雄. 教学要素与教学系统最优化 [J]. 教育科学，2003(6).

[31] 郭跃进. 多媒体组合课堂教学设计的几个要素 [J]. 现代教育技术，2005(10).

[32] 卢家楣. 情感教学心理学研究 [J]. 心理科学，2012(3).

[33] 罗宏，张昭苑. 大学英语的情感教学 [J]. 天津市经理学院学报，

2010(4).

[34] 吴金娥. 浅析大学英语情感教学 [J]. 河北大学成人教育学院学报，2011(2).

[35] 张秀娟. 基于网络的大学英语探究性学习方式探究 [J]. 绍兴文理学院学报，2012(12).

[36] 李亦菲，杨宝山. 如何认识探究学习与研究性学习的关系 [J]. 学科教育，2002(12).

[37] 王茜茜. 新课程改革中的探究学习研究 [J]. 现代教育科学，2011(2).

[38] 刘爱军. 网络环境下大学英语合作学习模式的构建 [J]. 中国电化教育，2011(6).

[39] 管洁. 大学英语合作学习的理论架构及实践途径 [J]. 牡丹江教育学院学报，2010(3).

[40] 石爱民，潘立，周晓琴. 大学英语合作学习教学模式初探 [J]. 湖南医科大学学报，2010(4).

[41] 杨洪玉，郑立，周永梅. 大学英语教学改革背景下的英语语法教学 [J]. 北京工业职业技术学院学报，2014(1).

[42] 张风. 论大学英语语法教学改革 [J]. 滨州师专学报，2004(3).

[43] 杨善江. 大学英语语法教学的重要性及其课堂教学模式探讨 [J]. 江苏外语教学研究，2007(2).